Alltagsknigge

für den
großen Luis!
15.11.07

Franziska von Au

Alltagsknigge

Sicher in allen Lebenslagen

urania

Bibliografische Information der Deutschen Bibliothek. Die Deutsche Bibliothek verzeichnet diese Publikation in der Deutschen Nationalbibliografie; detaillierte bibliografische Daten sind im Internet über http://dnb.ddb.de abrufbar.

Urania Verlag
Verlagsgruppe Dornier
Postfach 80 06 69, 70506 Stuttgart

www.urania-verlag.de
www.verlagsgruppe-dornier.de

Konzeption und Produktion: Hampp Media GmbH, Stuttgart
Fotos: MEV: S.8, S.44, S.66; Photodisc: S.30, S.86.
Illustrationen: Raimo Bergt, Berlin
Umschlaggestaltung: Behrend & Buchholz, Hamburg
Umschlagbild: zefa/masterfile/David P. Hall
Satz: Bettina Wahl, Salem
Druck: Westermann Druck, Zwickau

ISBN 3-332-01509-5

Zu diesem Buch

In diesem Buch finden Sie alle möglichen Fragen zum guten Benehmen im Alltag. Stets in Frage und Antwort, sodass Sie auf hoffentlich die meisten Ihrer Fragen rasch Auskunft bekommen.
Bedauerlicherweise sind viele Menschen der Ansicht, Höflichkeit sei nichts anderes als Lüge und Heuchelei. Doch das ist falsch: Höflichkeit ist immer Respekt vor dem Mitmenschen und hat viel, sehr viel mit Rücksichtnahme zu tun – und ein wenig mit Eigeninteresse. Denn immer noch gilt das alte Sprichwort: „Wie ich in den Wald hineinrufe, so schallt es heraus!" Will heißen: Wenn ich respektvoll behandelt werden möchte, muss ich dasselbe auch meinen Mitmenschen entgegenbringen.
Besonderes Augenmerk habe ich dabei dem Familienleben und der Erziehung gewidmet. Kindern muss man nämlich genauso viel Respekt entgegenbringen wie jedem Erwachsenen. Nur dann ist gewährleistet, dass auch sie mit uns entsprechend umgehen.

Nun wünsche ich Ihnen viel Spaß beim Lesen!

Ihre Franziska von Au

Umgangsformen im privaten Bereich

Umgangsformen im Privatleben fangen unter anderem damit an, dass man niemanden durch sein Äußeres, sein Auftreten und sein Benehmen vor den Kopf stößt.

Ein ansprechendes Äußeres ist der erste Schritt, um auf andere Menschen sympathisch zu wirken. Und das wollen wir schließlich alle. Doch Sympathie, was ist das eigentlich? Im Lexikon finden wir unter diesem Begriff den Eintrag: „Zuneigung und gefühlsmäßige Übereinstimmung, Seelenverwandtschaft". Das Wort kommt dabei aus dem Griechischen, ist abgeleitet von „sympathein", das so viel bedeutet wie „mitleiden, mitempfinden". Und wer zusammen leiden kann, wird erst recht zusammen Freude empfinden können. „Geteiltes Leid ist halbes Leid, geteilte Freude ist doppelte Freude" sagt ja auch ein bekanntes deutsches Sprichwort. Und in dieser Volksweisheit ist Sympathie für jeden nachvollziehbar ausgedrückt. Sympathie hat mit Wohlwollen, Zuneigung, Lebensfreude und Lebensqualität zu tun – zu Recht ist es uns daher wichtig, sympathisch auf unsere Mitmenschen, auf unsere Nachbarn und auf unsere Kollegen wirken zu wollen.

Sympathie hat mit Lebensfreude und Lebensqualität zu tun.

Der gute Eindruck

Der erste Eindruck, den wir hinterlassen, entscheidet darüber, ob unser Gegenüber uns zunächst als positiv oder negativ empfindet (selbst wenn er dieses Urteil später, nach etwas längerer Bekanntschaft, revidiert). Deshalb ist es so wichtig, dass Sie auf ein gepflegtes Äußeres achten und dass Sie natürlich außerdem Wert auf ein ebenso höfliches wie taktvolles Benehmen legen.

Wie kleide ich mich richtig?

Wählen Sie Ihre Kleidung entsprechend dem Anlass und der Situation. Und natürlich passend zu Ihrem Typ. Mode ist sehr wandelbar – was heute en vogue ist, ist morgen schon wieder out. Glücklicherweise ist heute niemand mehr dazu gezwungen, sich einem strikten Modediktat zu unterwerfen. Gerade bei dem vielfältigen Angebot, das Ihnen heutzutage in der Mode zur Verfügung steht, sollte es Ihnen möglich sein, das zu finden, was Ihre individuelle Persönlichkeit unterstreicht. Damit stärken Sie außerdem Ihre Selbstsicherheit.

Ich bin unsicher, ob meine Kleidung ansprechend wirkt?

Wenn Sie unsicher bei der Auswahl Ihrer Kleidung sind: Lassen Sie sich bezüglich Stil und Farbauswahl beraten. Im Gegensatz zu früher gibt es heute keine strenge Kleiderordnung mehr. Eine klare Ausnahme dieser Regel stellt natürlich das Berufsleben dar. Wenn es in Ihrer Firma Richtlinien und Vorschriften für die Kleidung gibt, müssen Sie sich daran halten.

EIN „ANSPRECHENDES ÄUSSERES“

☑ Ihr Haar sollte immer frisch aussehen. Ein guter Haarschnitt, die regelmäßige Haarwäsche und die gepflegte Frisur sollten selbstverständlich sein.

☑ Ihre Fingernägel sind sauber, geschnitten oder gefeilt (und nicht abgeknabbert). Zudem ist Ihre Nagelhaut glatt und nicht eingerissen.

☑ Wer als Herr nicht glatt rasiert erscheint, achtet auf einen gepflegten Bart. Das ist durchaus erlaubt und modisch. Längeres Barthaar sollte perfekt (am besten von einem guten Friseur) gestutzt sein.

☑ Schmuck trägt man nur da, wo er angebracht ist: tagsüber und im Beruf deshalb bitte nichts Pompöses tragen, sondern schlichte Stücke (auch bei Modeschmuck).

☑ Zu viel an Gerüchen stört. Das gilt für Körper- und Mundgeruch ebenso wie für Knoblauchdünste oder zu aufdringliches Parfüm und Rasierwasser.

☑ Passen Sie auch die Lautstärke Ihrer Stimme der Situation an – sowohl beim Reden wie beim Lachen.

AUSWAHL DER KLEIDUNG

Zeigen Sie in bestimmten Lebensbereichen durch Ihre Kleidung, dass Sie imstande sind, verschiedene Situationen zu differenzieren. Stellen Sie sich bei der Wahl Ihrer Garderobe stets folgende Fragen:

- ☑ Wo gehe ich hin?
- ☑ Was findet dort statt?
- ☑ Wie möchte ich mich den Menschen dort präsentieren?

Was tun gegen Körpergeruch?

Unangenehmer Körpergeruch muss nichts mit Unsauberkeit zu tun haben. Leider erweckt er aber trotzdem diesen Anschein. Wer um das Problem weiß, sollte vorbeugen – mit peinlichster Sauberkeit, mit einem Deo, damit, dass er täglich die Kleidung wechselt (vor allem, dass er stets frische Unterwäsche trägt).

NICHTS IST VERNICHTENDER ALS DAS URTEIL „ICH KANN DICH NICHT RIECHEN“.

Sauberkeit kann sich jeder leisten – wenn es nötig sein sollte, auch mehrmals am Tage. Gegen Transpiration lässt sich etwas tun, und wer besonders darunter leidet, muss eben mehr tun.

Achselschweiß kann man bestens mit Deodorant bekämpfen (das gibt es auch für Allergiker oder Menschen mit besonders sensibler Haut!). Es nützt übrigens wenig, sich in solchen Fällen mit Parfüm oder Rasierwasser einzunebeln. Beides verdeckt Körpergeruch nicht, sondern macht das Ganze noch schlimmer.

Was tun gegen Mundgeruch?

Mundgeruch hat seine Ursache nicht unbedingt in mangelnder Zahnhygiene, sondern kann organische Gründe haben. Gerade dann sollten Sie immer ein Pfefferminz bei sich haben und öfter als nur nach den Mahlzeiten die Zähne putzen. Mundwässer sind ebenfalls hilfreich. Sie sind ein Fan der mediterranen Küche mit Knoblauch? Halten Sie sich bitte zurück, wenn Sie eng mit anderen Menschen zusammenarbeiten. Dann ist Ihnen dieser kulinarische Genuss leider nur am Wochenende erlaubt.

Wie weise ich andere Menschen auf Körpergeruch hin?

Krankheiten und Medikamente, selbst strenge Diäten können zu Körpergerüchen führen, die man selbst nicht bemerkt. Und es ist sicher nicht einfach, einem Kollegen, einer guten Freundin, ja selbst dem Lebens- oder Liebespartner zu sagen, dass man ihn „nicht riechen“ kann. Ansprechen sollten Sie das Thema in jedem Fall – aber sehr behutsam und taktvoll. Greifen Sie zu einer kleinen Notlüge, sagen Sie zum Beispiel: „Ich kenne das Problem aus eigener Erfahrung und mir hat damals eine gute Freundin geholfen ...“

Wie verhalte ich mich so, dass ich auch bei „Fremden“ ankomme?

Versuchen Sie, falls Sie schüchtern sind, Ihre Zurückhaltung in den Griff zu bekommen. Seien Sie nicht das „graue Mäuschen“, halten Sie sich nicht zu sehr im Hintergrund. Ein solches Verhalten kann fälschlicherweise als Duckmäuserei oder als zu intensives Beobachten ausgelegt werden.

Zeigen Sie Interesse an Ihrem Gegenüber und am Gespräch, hüten Sie sich aber vor Übertreibungen und Unwahrheiten.

Eine selbstverständliche Pflichtübung sind „Guten Tag“, „Bitte“, „Danke“ und „Auf Wiedersehen“.

„Guten Tag“, „Bitte“, „Danke“ und „Auf Wiedersehen“ sind Pflicht.

ENTSCHEIDUNG IN SEKUNDENSCHNELLE

Der erste Blick dient dazu – so hat der Verhaltensforscher Karl Grammer herausgefunden – Informationen über einen möglichen Partner zu sammeln:

Frauen brauchen dabei genau acht Sekunden, um alles für sie Wesentliche über einen Mann herauszufinden: Sie schauen meist ins Gesicht und in die Augen. Denn hier vermutet die Frau Hinweise auf emotionale Stärken und auf die Führungsqualitäten des Mannes. Männer dagegen gucken einer eventuellen Partnerin eher auf mittlere und untere Körperregionen, sprich: Busen und Po. Hier ist nämlich festzustellen, ob die Fähigkeiten zur Fortpflanzung optimal gegeben sind. Äußeres ist also wichtiger als die viel gerühmten „inneren Werte“.

Komplimente – Lüge und Wahrheit

Als fanatischer Verfechter der Wahrheit haben Sie es im Alltag nicht unbedingt leicht. Oft genug wirkt es verletzend und es kann zu peinlichen Situationen kommen. Halten Sie sich lieber an die Aussage von Arthur Schnitzler: „Toleranz heißt: die Fehler der anderen entschuldigen. Takt heißt: sie nicht bemerken.“ Damit können Sie niemals falsch liegen.

> „TOLERANZ HEISST: DIE FEHLER DER ANDEREN ENTSCHULDIGEN. TAKT HEISST: SIE NICHT BEMERKEN.“
> ARTHUR SCHNITZLER

Muss ich mir alles gefallen lassen?

Der Ton macht die Musik – Angriffe können Sie durchaus parieren. Aber eben höflich und nicht ausfallend, vielleicht mit einer Prise Humor gewürzt, wenn es Ihnen in einer Situation angebracht erscheint. Mit klaren Worten, freundlich verpackt, erreichen Sie mehr als mit einer deutlichen, aber im Ton derben Aussage. Selbst wenn Sie sich unaufrichtig vorkommen, weil Sie Ihren Verwandten, Freunden oder Vorgesetzten nicht die wahre Meinung ins Gesicht sagen „dürfen“: Vergessen Sie nicht, dass Sie selbst bestimmt nicht immer Wert darauf legen, die ungeschminkte Ansicht anderer über Ihre Person zu erfahren.

Sind Komplimente nicht verlogen?

„Wahrhaftige Komplimente“ – das ist nicht unbedingt ein Widerspruch in sich. Es mag ein wenig Übung erfordern, aber es lohnt sich. Denn Sie lernen, bedachtsam mit Worten umzugehen und nachzudenken, bevor Sie mit der Wahrheit herausplatzen. Was hat es für einen Sinn,

BITTE BEACHTEN!

Es gibt Fälle, in denen ein sehr vorsichtiger Umgang mit der reinen, unverblümten Wahrheit angebracht ist: am Krankenbett und bei Todesfällen sowie bei der Auseinandersetzung mit Vorgesetzten und Kollegen. Ebenfalls auf Reisen in Länder, deren Sitten und Bräuche uns nicht vertraut sind, ist eine äußerst bedachtsame Herangehensweise zu empfehlen.

zur Freundin, die ein paar Kilos zugelegt hat, zu sagen: „Meine Güte, bist du dick geworden!“ oder der Schwester mitzuteilen „Na, an dir ist die Zeit aber auch nicht spurlos vorübergegangen!“, wenn sie ein paar Fältchen mehr im Gesicht hat. Viel freundlicher, aber genauso „wahr“ ist die Aussage: „O, du bist nicht mehr ganz so hager wie früher. Steht dir gut!“ oder: „Ich mag dein gereiftes Gesicht und liebe jede Falte an dir!“.

Doch obwohl Freundlichkeit natürlich besser ankommt, sollte das nicht dazu führen, dass Gedanken und ausgesprochenes Wort allzu weit auseinander liegen. Bedenken Sie das hässliche Kleid der Nachbarin nicht mit den Worten „Ach wie entzückend“, wenn Sie es wahrhaft scheußlich finden – man wird Ihnen die Unehrlichkeit ansehen. Besser ist es, nach einer Formulierung zu suchen – wenn Sie denn schon um einen Kommentar nicht herumkommen –, die freundlich, aber nicht verletzend ist.

Wie reagiere ich richtig auf ein Kompliment?

Selbstverständlich nehmen Sie ein Kompliment nicht als Ihnen zustehende Selbstverständlichkeit hin. So reagieren Sie angemessen auf ein freundliches Kompliment: mit einem Lächeln und einem „Danke“. Aber nicht abwehrend oder gar sich selbst abwertend. Denn mit der Abwehr setzen wir uns nicht nur selbst herab, sondern auch den Spender des Lobs. Unsere Abwehr klingt für ihn wie ein Zweifel an seiner Urteilsfähigkeit. Bewundert Ihr Gegenüber das nächste Mal beispielsweise ein neues Kleiderstück

HÖFLICHER UMGANG MIT ANDEREN

- ☑ Seien Sie stets aufrichtig, aber nicht verletzend.
- ☑ Kränken Sie niemanden, indem Sie einen körperlichen Makel erwähnen oder diesen gar herausstellen.
- ☑ Komplimente sind immer dann angebracht, wenn sie ehrlich gemeint sind. Oder wenn Sie glauben, dass Sie einen anderen damit erfreuen und ihm weiterhelfen.
- ☑ Verkaufen Sie Gerüchte nie als Wahrheit.
- ☑ Diskretion ist ebenfalls guten Freunden gegenüber angebracht.
- ☑ Stört Sie etwas wirklich, dann reden Sie offen darüber, ohne beleidigend zu werden.

an Ihnen, bedanken Sie sich ohne jedes Wenn und Aber. Oder – besser noch – reagieren Sie doch mit einem Gegenargument: „Vielen Dank! Du bist aber ebenfalls schick angezogen."

Mit Takt und Fingerspitzengefühl handeln

Sei es, dass man selbst in ein Fettnäpfchen tappt; sei es, dass es einem unangenehm ist, mitzuerleben, wie ein anderer einen gesellschaftlichen Fauxpas begeht: Mit Takt zu handeln heißt, in bestimmten Situationen Fingerspitzengefühl und somit Lebensart zu beweisen. Das kann man lernen, wenn es einem nicht in die Wiege gelegt wurde. Taktgefühl hilft Ihnen selbst und auch anderen, solche Situationen zu „managen" und unnötige Peinlichkeiten zu vermeiden.

Taktvolles Verhalten setzt Feingefühl für andere Menschen voraus.

Wie handle ich anderen Menschen gegenüber taktvoll?

Wenn Sie sich höflich zurücknehmen, wenn Sie in der Lage sind, sich in Situationen hineinzuversetzen, die anderen peinlich sein könnten – dann handeln Sie automatisch taktvoll. Wenn es nötig ist, können Sie auch schweigen. Oder mit einem Lächeln, einer humorvollen Bemerkung, einem Nicht-zur-Kenntnis-Nehmen über das Fettnäpfchen hinwegsehen. Takt setzt Feingefühl voraus, und dieses Feingefühl muss ständig geübt und gepflegt werden.

Sagt man heute noch „Gesundheit", wenn jemand niest?

Taktvolles Verhalten zeigt sich darin, dass Sie nicht jedes Mal „Gesundheit" sagen, wenn jemand niest. Es kommt auf die Situation an: Stellen Sie sich vor, Sie sind mit einem Allergiker im selben Raum und dieser leidet gerade unter Heuschnupfen. Spätestens beim dritten „Gesundheit" klingt Ihr gut gemeinter Wunsch ironisch, wenn er dann nicht sogar lächerlich klingt.

Sobald Sie merken, dass einem anderen die Situation peinlich ist (bei Konferenzen und Tagungen, im Theater oder Kino, in der Kirche oder bei einem Begräbnis), verzichten Sie besser auf Ihre freundlich gemeinte Äußerung. „Körpergeräusche" wie Husten und Ähnliches werden höflicherweise sowieso nicht kommentiert.

Richtig entschuldigen

Ob im Beruf oder Privatleben: Niemand gibt gerne zu, dass er sich geirrt, im Ton vergriffen oder falsch gehandelt hat. Es ist jedoch kein Zeichen von Schwäche, einen Fehler zuzugeben. Im Gegenteil: Es ist ein Zeichen von Selbstbewusstsein und Stärke. Eine ausbleibende Entschuldigung kann eine ganze Menge anrichten, weil sie Beziehungen im Privaten wie Beruflichen belastet. Wenn Sie jedoch zugeben, sich falsch verhalten zu haben, und dies gleichzeitig natürlich auch bedauern, erweisen Sie dem anderen Respekt und zeigen ihm, dass er Ihnen wichtig ist.

Entschuldige ich mich besser mündlich oder in Schriftform?

Die Schwere Ihres „Vergehens" bestimmt die Form: Bei einer kleinen Meinungsverschiedenheit unter guten Freunden kann der Griff zum Telefonhörer schon genügen. Ist die Situation jedoch sehr verfahren, schreiben Sie besser einen Brief oder senden ein Fax. Denn bei einer schriftlichen Entschuldigung ist es möglich, dass Sie sich Ihre Worte in aller Ruhe überlegen.

Fehler zugeben ist ein Zeichen von Selbstbewusstsein und Stärke.

BITTE BEACHTEN!

Ein Entschuldigungsbrief sollte von Hand geschrieben werden. Ausnahme: Ihre Handschrift ist wirklich unleserlich. Aber auch dann sollten Sie die Anrede und ein paar persönliche Worte von Hand schreiben. Den Rest dürfen Sie dann allerdings auf Schreibmaschine oder am Computer eintippen. Schließlich soll der Empfänger ja auch entziffern können, was Sie ihm zu sagen haben.

Natürlich ist auch eine Entschuldigung per Fax oder per E-Mail möglich. Trotzdem ist der Entschuldigungsbrief diesen vorzuziehen, denn einen Brief aufzusetzen, persönlich zu unterschreiben, einzutüten, zu frankieren, zur Post zu bringen – darin steckt mehr persönliche Wertschätzung als bei der elektronischen Übermittlung. Immer noch gilt: In jedem Brief steckt viel Persönlichkeit.

WIE ENTSCHULDIGE ICH MICH RICHTIG?

Wichtig bei schriftlichen wie auch bei mündlichen Entschuldigungen ist Folgendes:

☑ Ihre Entschuldigung sollte auf jeden Fall ehrlich gemeint sein und klingen. Ein wütend hingeworfenes „Dann entschuldige ich mich eben" ist völlig sinnlos: Denn der Empfänger merkt sehr wohl, dass Ihre Aussage gar nicht ernst gemeint ist.

☑ Vermeiden Sie übertriebenes „Zu-Kreuze-Kriechen": Solche Unehrlichkeit ist rasch zu durchschauen und kommt deshalb überhaupt nicht gut an.

☑ Lassen Sie Ärger und Wut über den anderen (oder sich selbst, wenn Sie einsichtig sind!) erst einmal abklingen!

☑ Nehmen Sie sich nicht zu lange Zeit! So manche Freundschaft hat schon einen empfindlichen Knacks bekommen, weil man zu lange wartete, bis man sich zu einer Entschuldigung durchgerungen hatte.

☑ Ein Tipp am Rande: Begleiten Sie Ihre Entschuldigung mit einem freundlichen Lächeln – das wirkt Wunder und kommt doppelt so gut an.

Wie entschuldige ich mich im Berufsleben?

Vor allem bitte: möglichst schnell. Im Berufsleben ist rasches Entschuldigen schon deshalb wichtig, um schlimmere Folgen zu vermeiden – personell oder finanziell.

Bei Verspätungen, die absehbar sind, entschuldigen Sie sich sozusagen „vorab" – das kann per Telefon oder Fax geschehen. Sobald Sie dann im Betrieb eingetroffen sind, sollten Sie es aber nicht versäumen, nochmals ein paar Worte der Erklärung zu finden.

Natürlich vermeiden Sie es bei jeder Entschuldigung, einen Fehler zwar einzugestehen, aber gleichzeitig einen anderen Sündenbock zu präsentieren („Ich habe da zwar privat telefoniert, aber die Kollegen tun dies auch immer!"). Wenn Sie sich bei einem Kunden entschuldigen sollten, ist so etwas sowieso absolut tabu. Sagen Sie dem Kunden bei einer Entschuldigung direkt, dass es Ihnen Leid tut, und fügen Sie einen Lösungsvorschlag an: „Diese Verwechslung bedauern wir sehr. Hilft es Ihnen, wenn wir die richtigen Artikel heute per Kurier rausschicken?“

Muss ich eine Entschuldigung begründen?

Manchmal reicht es aus, sich ganz allgemein zu geben, sich beispielsweise für eine Vergesslichkeit zu entschuldigen und hinzuzufügen: „Du weißt doch, wie zerstreut ich bin!“ Oder Sie haben sich im Ton vergriffen und sagen: „Tut mir leid, dass ich so ausgerastet bin. Aber heute geht es bei mir einfach drunter und drüber …“

Ausführlichere Erklärungen geben Sie ab, wenn Sie wirklich etwas Schwerwiegendes „verbockt“ haben. Dann ist aber unter Umständen sowieso die schriftliche Entschuldigung die bessere Lösung. Vergessen Sie den Hinweis nicht, dass ein Fehler dieser Art nicht mehr vorkommen wird.

WIE SAGT MAN RICHTIG „NEIN“?

Viele Menschen haben sich geradezu perfektioniert in der „Kunst“, einem anderen Aufgaben und Verantwortung aufzuhalsen. Machen Sie sich bewusst, dass Ablehnung in einem solchen Fall nichts mit Egoismus zu tun hat. Und auch nicht damit, dass Sie etwas (im Job) nicht können. Sondern damit, dass Sie sich nicht ausnutzen lassen wollen!

☑ Bleiben Sie höflich, lehnen Sie mit einem Lächeln ab – aber entschuldigen Sie sich nicht. Nein zu sagen ist Ihr Recht!

☑ Wenn Sie Ihr Nein begründen, tun Sie das in klaren Worten – aber ohne Ihrem Gegenüber die Schuld für Ihr bisheriges Ja-Sagen zuzuschieben.

☑ Ihr Nein wird man akzeptieren, wenn es in einem freundlichen, aber trotzdem bestimmten Ton vorgebracht wird.

☑ Seien Sie nicht schnippisch oder feindselig, nicht hart und schroff im Ton, sondern bleiben Sie stets höflich.

☑ Natürlich versagen Sie Ihre Unterstützung niemals in einem echten Notfall. Und reagieren Sie bitte auch nicht mit einem „Nein“, nur um zu zeigen, dass Sie es können – also um Ihre Position deutlich zu machen und Macht auszuüben.

Raucher und Nichtraucher

Nur wenige andere Themen werden heute so heftig und so kontrovers diskutiert: Für die einen ist Pfeifen-, Zigarren- und Zigarettenqualm der Inbegriff von Gemütlichkeit und Entspannung, für die anderen hingegen eine nicht hinnehmbare Belästigung, ja eine ernsthafte Gesundheitsgefährdung. Die wichtigste Grundregel für alle Raucher sollte deshalb lauten: Rücksicht auf Nichtraucher wird überall genommen – auch da, wo kein offizielles Rauchverbot besteht!

Darf man stets rauchen, wenn ein Aschenbecher dasteht?

Grundsätzlich gilt zwar die Regel: Wo ein Aschenbecher steht, darf geraucht werden. Ein höflicher Raucher wird dennoch immer erst seine Mitmenschen fragen, ob der Qualm sie stört. Ist dies der Fall, dann bleibt die Zigarette bitte in der Schachtel! Und auch wenn das Rauchen gestattet ist, bläst man seinen Qualm anderen Menschen niemals direkt ins Gesicht.

Friedliche Koexistenz, so lautet das Ziel zwischen Rauchern und Nichtrauchern.

Wie wehre ich mich als Nichtraucher gegen den blauen Dunst?

Reagieren Sie mit Höflichkeit, wenn ein Raucher Sie fragt, ob er sich eine Zigarette anstecken darf. Wenn Sie ablehnen: Tun Sie dies bitte in höflicher Form. Bissige Bemerkungen und ein unangemessen barscher Ton sind eindeutig fehl am Platze. Sie sollten niemals so weit gehen, dass Sie jeden, der seine Zigarette genießen will und dabei niemanden belästigt, aggressiv behandeln oder wie einen Aussätzigen meiden. Friedliche Koexistenz ist das Ziel – und wenn Sie sich das „Mitrauchen" mit einem Lächeln

BITTE BEACHTEN!

Im dichten Gedränge, zum Beispiel in einer überfüllten Fußgängerzone, sollten Sie als Raucher ganz große Vorsicht walten lassen: Am besten lassen Sie die Zigaretten stecken, denn wie schnell ist ein Loch in einen teuren und fremden Mantel gebrannt …

und höflichen Worten verbitten, wird selbst ein starker Raucher Rücksicht walten lassen und auf seine Zigarette verzichten.

Muss ich als Nichtraucher Raucher um mich dulden?

In kleiner, zwangloser Runde wird man sich rasch einigen: Entweder ist Rauchen erlaubt oder die Raucher begeben sich auf den Balkon oder vor die Tür, wenn sie sich eine Zigarette anstecken wollen. Laden Sie zu einem größeren Fest, ist ein absolutes Rauchverbot kaum durchzuführen. Im Büro werden Sie sich ebenfalls mit Ihren Kollegen einigen: Im Normalfall und wenn beide Gruppen Toleranz walten lassen, wird das problemlos möglich sein.

Wie benehme ich mich als ehemaliger Raucher?

Bedenken Sie bitte: Sie kennen das Suchtproblem aus eigener Erfahrung. Sie sollten besondere Rücksicht nehmen und nicht zum fanatischen Anti-Raucher werden! Jeder hat Verständnis dafür, dass Sie besonders „allergisch“ auf Nikotingeruch reagieren. Dennoch gilt gerade für „bekehrte Raucher“: Sie haben früher Toleranz erwartet – zeigen Sie sich jetzt ebenso duldsam.

Darf ich mir während des Essens eine Zigarette anzünden?

Rauchen während des Essens ist ein absoluter Verstoß gegen die Etikette. Wohl kaum jemand mag während eines köstlichen Mahles mit Nikotingeruch konfrontiert werden. Davon einmal abgesehen, dass Nikotin den feinen Geschmack der Speisen beeinträchtigen kann. Nach dem Aperitif und bis zum Digestif gilt deshalb generell: Rauchverbot!

RAUCHFREIE ZONEN

Auch ohne Hinweisschilder ist Rauchen verboten

- ☑ im Wartezimmer einer Arztpraxis.
- ☑ im Krankenhaus (Ausnahme: spezielle Raucherzimmer).
- ☑ im Krankenzimmer (zu Hause wie in der Klinik).
- ☑ im Kinderzimmer.
- ☑ im Fahrstuhl.
- ☑ in einem fremden Auto (Ausnahme: Der Fahrer hat nichts dagegen).
- ☑ in einem fremden Büro.
- ☑ in der Wohnung von Nichtrauchern (Ausnahme: Sie haben um Erlaubnis gefragt).
- ☑ auf der Tanzfläche.

Duzen und Siezen – wie ist's richtig?

Siezen ist die Regel all jenen Menschen gegenüber, die nicht zum Familien- oder Freundeskreis gehören. Es schützt uns davor, unangemessen vertraulich zu werden, und hilft uns, eine höfliche Distanz zu wahren. Unter Erwachsenen ist es normalerweise üblich, sich mit „Sie“ anzusprechen. Das Du ist keine Selbstverständlichkeit, sondern wird erst nach einer höflichen Anfrage erlaubt.

FRÜHER WAR ES VERPÖNT, ALS MANN EINER FRAU DAS DU ANZUBIETEN. HEUTE IST ES SELBSTVERSTÄNDLICH.

Wer bietet wem das Du an?

Hier gilt eine ganz einfache Grundregel: Der ältere Mensch bietet dem jüngeren das Du an, außerdem der Ranghöhere dem Rangniederen. Auch der Herr darf der Dame das Du anbieten, im Gegensatz zu früher spielt das Geschlecht heute keine Rolle mehr.

Kann man ein Duzangebot eigentlich ablehnen?

Das angebotene Du ist eine Ehre, die wir demjenigen zukommen lassen, den wir besser kennen als andere. Deshalb ist es nicht leicht, ein Duzangebot abzulehnen. Aber: Man darf es durchaus!

Wenn Sie jemanden nicht duzen möchten, sollten Sie in jedem Fall einen guten Grund angeben. Sonst ist Ihr Gegenüber mit Recht brüskiert. Am besten formulieren Sie die Ablehnung also so, dass Sie einerseits Ihre Freude über den Vertrauensbeweis ausdrücken, im zweiten Satz dann aber erklären, aus welchem Grund Sie trotzdem ablehnen möchten. Gründe dafür sind zum Beispiel, dass Sie im Beruf keinen Präzedenzfall schaffen möchten oder sich im privaten Bereich nach einer recht kurzen Bekanntschaft noch nicht vertraut genug sind.

Wenn Sie das Duzangebot ablehnen, tun Sie dieses höflich, aber mit klaren Worten. Es kann für alle Beteiligten sehr peinlich werden, wenn Sie es unklar belassen, wie Sie angesprochen werden möchten. Angemessen sind Worte wie: „Ich freue mich über Ihr Angebot. Allerdings möchte ich das Du zwischen uns zu dem jetzigen Zeitpunkt nicht. Ich schlage vor, wir warten damit und lernen uns erst noch etwas besser kennen.“

WANN IST DUZEN NICHT ANGEBRACHT?

Duzen zeugt von mangelndem Respekt, wenn man

☑ ältere Menschen einfach duzt, ohne sie zu kennen. Das gilt manchmal für das Pflegepersonal in Kliniken oder Pflegeheimen, das einfach „Oma" und „Opa" sagt.

☑ ausländische Mitbürger von oben herab mit Du tituliert, weil man glaubt, sie kämen mit dem deutschen Sie nicht klar. („Na, du verstehen?")

☑ einen Untergeben mit Du anspricht, um zu demonstrieren, dass man der Boss ist.

☑ Auszubildende duzt, weil sie jung sind und noch nicht ausgelernt haben.

Muss ich die Kollegen duzen, wenn es in der Firma üblich ist?

Um das Du kommen Sie nicht herum, wenn es in Ihrer Firma Geschäftspolitik ist. Vor allem bei skandinavischen Firmen ist dies üblich. In allen anderen Fällen müssen Sie abwägen: Schließen Sie sich aus der Bürogemeinschaft aus, wenn Sie strikt beim „Sie" bleiben? Oder erkennt man es im Kollegenkreis an, dass Sie auf Distanz bedacht sind? Das können Sie nur für sich selbst in der jeweiligen Situation klären.

Soll ich einen Duzfreund immer mit Du ansprechen?

Manchmal kann es von Vorteil sein, das übliche Du kurzfristig zu „vergessen" – vor allem im Berufsleben und in den Medien. Es macht keinen guten Eindruck, wenn sich zum Beispiel die Kontrahenten in einer Podiumsdiskussion bei einer öffentlichen Debatte duzen, weil sie privat befreundet sind. Im Geschäftsleben kann das Duzen vor Kunden unangebracht sein.

VOR KUNDEN IST DUZEN OFTMALS UNANGEBRACHT.

Wer in der Öffentlichkeit auftritt – also in Rundfunk und Fernsehen – sollte sich mit einem eventuellen Duzpartner vorher einigen, wie man sich nun anspricht. Es kann auf Zuhörer und Zuschauer befremdlich wirken, wenn ein Moderator einen Gast einfach duzt – vor allem, wenn es sich bei dem Gast um eine prominente Person handelt.

Auf gute Nachbarschaft

Fast jeder von uns hat Nachbarn: Menschen, die direkt in der Wohnung unter uns oder im Haus nebenan wohnen. Gute Nachbarschaft muss gepflegt und aufgebaut werden. Leider ist sie heute seltener geworden. Viel öfter hört und liest man von Streitigkeiten unter Nachbarn. Und fast jeder weiß von einem „bösen Nachbarn“ zu erzählen, der einem stets unfreundlich begegnet und nur darauf zu lauern scheint, wie er einem das Leben schwer machen kann. Doch gerade in der Nachbarschaft gilt: Mit einem höflichen Gruß, einem Lächeln und ein paar freundlichen Worten kann man so einiges erreichen.

GUTE NACHBARSCHAFT MUSS AUFGEBAUT UND GEPFLEGT WERDEN.

Wie vermeide ich nachbarschaftliche Unstimmigkeiten?

Die meisten Streitigkeiten entstehen wohl durch Lärmbelästigung. Dem beugen Sie am besten vor, indem Sie ankündigen, dass es in Ihrer Wohnung zu einem bestimmten Termin etwas lauter wird: weil Sie Renovierungsarbeiten durchführen, weil Sie Möbel aufbauen, weil Sie ein Fest feiern. Trotzdem sollten Sie sich beim Renovieren an die „offiziellen“ Zeiten der Hausordnung halten: Nach 22.00 Uhr sollten Sie die Bohrmaschine nicht mehr betätigen und vor 8.00 Uhr morgens auch nicht. Auch mit dem Garagentor sollten Sie nach 22.00 Uhr rücksichtsvoll umgehen. Schließen Sie es leise, da ansonsten Ihre Nachbarn im Schlaf gestört werden könnten.

BITTE BEACHTEN!

Oft vergessen werden die ‚kleineren' Lärmbelästigungen, wie etwa der morgendliche Start in den Urlaub. Rücksichtsvoll handeln Sie, wenn Sie bei einem frühmorgendlichen Aufbruch, den Kofferraum schon am Abend vorher beladen – und so den Lärm im Treppenhaus und vom Zuschlagen der Türen möglichst gering halten.

Gleiches gilt für Fenster, Rollläden und Markisen. Lassen sich diese nur mit einer Lautstärke öffnen beziehungsweise herunterlassen, die von den Nachbarn als störend empfunden wird, so dürfen sie der Rechtsprechung nach nicht vor

7.00 Uhr morgens und nach 22.00 Uhr betätigt werden.
Der häufigste Grund für Nachbarschaftsstreitereien ist Kinderlärm. Deswegen sollten auf jeden Fall die Ruhezeiten mittags zwischen 13.00 Uhr und 15.00 Uhr sowie abends nach 22.00 Uhr berücksichtigt werden. Diese Zeiten gelten übrigens auch für Spielplätze im Freien. Rechtlich ist das Baden und Duschen inzwischen auch nach 22.00 Uhr erlaubt, sofern es nicht länger als 30 Minuten dauert. Vermeiden Sie es trotzdem, denn das in den Leitungen ablaufende Wasser macht nicht unerheblich Geräusche.

Wie lerne ich meine neuen Nachbarn kennen?

Sie können sich – zumindest in der unmittelbaren Nachbarschaft – bei jedem einzelnen vorstellen. Manchmal ist es besser, zu warten, bis Wohnung oder Haus fertig eingerichtet sind, und die Nachbarn dann zu einem kleinen Umtrunk und damit verbundenem Kennenlernen einzuladen.

Wie darf ich Feste feiern?

Überlaute Musik – ob bei einer Party in der Wohnung oder bei einem Gartenfest – muss nicht sein.

TRINKGELD FÜR POSTBOTE UND CO.

Jedes Jahr aufs Neue stellt sich um die Weihnachtszeit oder den Jahreswechsel diese Frage. Deshalb diese Richtwerte:
Es bekommen

- ☑ 5 Euro: Postboten und Zeitungszusteller. Kennen Sie beide gut und leisten sie hin und wieder „Extradienste“ (etwa Päckchen oder Zeitung aufbewahren, wenn Sie verreist sind), sollten Sie den Betrag allerdings auf 10 Euro erhöhen.
- ☑ 5 Euro pro Person: Müllmänner sowie Zivildienstleistende im Alten- oder Pflegeheim.
- ☑ 10 Euro: Ausfahrer, die Ihnen regelmäßig Waren oder Lebensmittel ins Haus bringen.
- ☑ 15–20 Euro: der Babysitter, wenn er zuverlässig ist und regelmäßig zu Ihnen kommt.
- ☑ bis zu 50 Euro: Ihre Putzfrau, zumindest dann, wenn sie eine echte „Perle“ ist.

In der Wohnung hält man höflicherweise Zimmerlautstärke ein, und wenn Sie eine Party feiern, sollten Sie sich vorher bei Ihrer Nachbarschaft wegen der eventuellen Lärmbelästigung entschuldigen.

FEIERN OHNE NACHBARLICHEN STREIT

Der sicherste Weg, um Streit zu vermeiden: Laden Sie Ihre Nachbarn zur nächsten Party einfach mit ein. Allerdings können Sie nicht erwarten, dass diese ebenso gerne feiern wie Sie. Dann aber sollten Sie Ihre Nachbarn anders entschädigen.
Spätestens einen Tag vor der geplanten Feier sollten Sie einen Rundgang machen und alle, die sich belästigt fühlen könnten, informieren. Diese höfliche Vorankündigung, verbunden mit einem kleinen Präsent in Form eines Blumenstraußes oder eines Fläschchens Sekt oder Wein hat schon manchen Partymuffel besänftigt. Und wenn's zum Streit kommt, weil Sie Grillfeste lieben und jeden warmen Sommertag ausnutzen, um mit Familie und Freunden den Grill anzuwerfen? Sollte sich Ihr Nachbar durch den Geruch allzu sehr belästigt fühlen, schaffen Sie den guten alten Holzkohlengrill ab und brutzeln Sie Würstchen, Fleisch und Fisch bitte mit einem Gas- oder einem Elektrogrill. Der gart das Essen nämlich, ohne den nachbarschaftlichen Frieden zu beeinträchtigen.

Der gute Ton am Telefon

Wohl kein Mensch kann sich vorstellen, wie er ohne Telefon auszukommen sollte. Und selbst Mobiltelefone sind aus dem täglichen Leben heutzutage kaum mehr wegzudenken, man begegnet Ihnen fast überall. Auch wenn die „fernmündliche“ Kommunikation inzwischen für uns etwas so Selbstverständliches geworden ist– einige Regeln der Höflichkeit am Telefon gilt es dennoch zu beachten – sei es mobil oder immobil.

Wie meldet man sich am Telefon?

Es scheint eine unausrottbare Sitte zu sein – das „Ja“ oder „Hallo“, das einem Anrufer oft entgegenschallt. Bitte merken Sie sich: Es ist unhöflich, einen Anruf in dieser Form entgegenzunehmen, und dies gilt für private Telefonate ebenso wie für geschäftliche Gespräche. Bitte melden Sie sich mit Namen (unter Umständen auch mit dem Vornamen) sowie einem „Guten Tag“, „Guten Morgen“ oder

BITTE BEACHTEN!

Wenn Sie „falsch verbunden“ sind legen Sie auf keinen Fall einfach auf! Entschuldigen Sie sich höflich für die versehentliche Störung und verabschieden Sie sich dann von Ihrem Gesprächspartner.

„Guten Abend“. In Familien oder Wohngemeinschaften sollte es selbstverständlich sein, sich mit Vor- und Zunamen zu melden. Dann ist dem Anrufer völlig klar, ob er mit Vater oder Sohn beziehungsweise in einer Wohngemeinschaft mit Thomas Müller oder Thomas Schmidt spricht.

Was muss ich beachten, wenn ich jemanden anrufe?

Fragen Sie zunächst einmal höflich nach, ob der Zeitpunkt für Ihren Anruf gerade passend ist oder ob Sie stören. Geben Sie Ihrem Telefonpartner Gelegenheit, sich auf das von Ihnen gewünschte Thema einzustellen und das Telefonat gegebenenfalls zu verlegen. Im Geschäftsleben bereiten Sie sich sicher auf ein Telefonat vor – und auch privat kann dies manchmal nötig und hilfreich sein.

Muss ich mich heute noch an die „Telefonzeiten“ halten?

In fremden Privathaushalten sollte man nicht unbedingt später als 20 Uhr anrufen (das gilt selbstverständlich nicht unter guten Freunden, vor allem, wenn die „Erlaubnis des späten Anrufs“ erteilt wurde). Wer besonderen Wert auf Höflichkeit legt, hält sich am besten an die Kernzeiten fürs Telefonieren (siehe Kasten). Dann sind Sie stets auf der sicheren Seite

NUR WENN SIE EINE GEHEIMNUMMER HABEN, DÜRFEN SIE SICH AM TELEFON MIT „HALLO“, „JA“ ODER „BITTE?“ MELDEN.

KERNZEITEN FÜR TELEFONANRUFE

- ☑ Rufen Sie werktags nicht vor 9.30 Uhr und auch nicht nach 20.00 Uhr an.
- ☑ Halten Sie bitte auch die Mittagspause ein, die von 12.30 Uhr bis 14.00 Uhr dauert.
- ☑ An Feiertagen und am Wochenende rufen Sie nicht vor 11.00 Uhr vormittags an.
- ☑ Ausnahmen: Notfälle und wenn Sie andere Vereinbarungen getroffen haben.

Wie melde ich mich in der Firma am Telefon?

Wenn Sie an Ihrem Arbeitsplatz an das Telefon gehen, sollten Sie dem Anrufer das Unternehmen, die Abteilung, Ihren Vornamen und Nachnamen nennen. So kann der Anrufende sicher sein, dass er dort gelandet ist, wo er hinwollte. Auch der Tagesgruß sollte nicht fehlen. Wenn Sie ein geschäftliches Gespräch beenden, sollten Sie für Ihren Gesprächspartner die wichtigsten Aussagen und Absprachen noch einmal zusammenfassen. Verabschieden Sie sich mit Dank und Anerkennung für das informative Gespräch und Sie werden mit Ihrer freundlichen und angenehmen Art in guter Erinnerung bleiben.

Lächeln Sie am Telefon: Ihr Gesprächspartner wird es „hören".

Wie beende ich ein Telefongespräch korrekt?

Sie verabschieden sich höflich. Auf keinen Fall legen Sie den Hörer einfach auf, vielleicht sogar noch mitten im Satz. Selbst wenn Sie am Telefon eine Auseinandersetzung haben: So viel Zeit und Höflichkeit sollte sein, dass Sie sich angemessen verabschieden.

Ein Gespräch abbrechen

Wenn Sie ein Gespräch abbrechen wollen (oder müssen), teilen Sie dies dem Anrufer mit, zum Beispiel mit den Worten „Ich möchte dieses Gespräch jetzt beenden" oder „Ich muss jetzt Schluss machen". Wenn möglich oder nötig vereinbaren Sie dann einen anderen Zeitpunkt, an dem Sie das Telefonat fortsetzen.

Wie melde ich mich per Anrufbeantworter?

Achten Sie beim Ansagetext darauf, dass Sie nicht nur laut und deutlich sprechen, sondern sich außerdem kurz halten. Immerhin zahlt der Anrufer die Gebühren.

Muss ich mit einem Anrufbeantworter sprechen?

Selbst wenn Sie ungern „mit einer Maschine" sprechen und unsicher sind: Zumindest Ihren Namen sollten Sie auf dem Band hinterlassen. Als Anrufer sprechen Sie laut, langsam und deutlich aufs Band. Die Angabe des Datums und der Zeit ist dabei besonders höflich. Freundlich ist auch der Hinweis, wann Sie zurückgerufen werden können.

Was ist beim Mobiltelefonieren zu beachten?

Vor wenigen Jahren war es noch ein seltenes Statussymbol, heute ist es eine Selbstverständlichkeit: das Mobiltelefon, bei uns auch Handy genannt. Anders als beim Festnetz ist beim Handy die Umwelt direkt betroffen, deswegen sollte man bei dessen Nutzung besonders achtsam sein. Schon beim Klingelton beginnt übrigens die Rücksichtnahme. Stellen Sie den Ton wirklich nur so laut, wie es unbedingt für Sie erforderlich ist, Ihre Mitmenschen werden es danken.

WANN UND WO DARF ICH DAS HANDY BENUTZEN?

☑ Erlaubt und unbedenklich: auf der Straße und auf öffentlichen Plätzen sowie im Hotelzimmer.

☑ Wenn man niemanden stört: im Zug, auf dem Flugplatz, im Bahnhof und in der Hotelhalle. Im Auto ist das Telefonieren mit Handy nur erlaubt, wenn eine Freisprecheinrichtung benutzt wird.

☑ Nicht zu empfehlen: bei einem Empfang, im Restaurant, überhaupt bei gesellschaftlichen Anlässen, bei Geschäftsbesprechungen und Konferenzen.
Ausnahme: das mittägliche Essen mit Kollegen im Biergarten oder dem Stammlokal, in dem viele Geschäftsleute verkehren. Hier kann man das Handy durchaus eingeschaltet lassen, aber bitte: auf „leise" beziehungsweise „stumm" gestellt!

☑ Stillos: im Theater, Konzert, Kino oder bei einem Vortrag.
Ausnahme: Es gibt Berufe, bei deren Ausübung ein eingeschaltetes Handy unerlässlich ist. Dazu zählen etwa Ärzte und Börsenmakler. Auch in solchen Fällen muss man das Telefon nicht laut schrillen lassen, sondern kann es stets auf „leise" oder „stumm" schalten.

☑ Absolute Tabuzonen: im Krankenzimmer, in Arztpraxen, bei Beerdigungen, in der Kirche. Beim Vorstellungsgespräch sollten Sie im eigenen Interesse darauf verzichten: Sie wirken nämlich gewiss nicht „wichtig", sondern ungehobelt, wenn Ihr Handy währenddessen klingelt.

☑ Ohne Wenn und Aber verboten: im Flugzeug, an Tankstellen und natürlich im Krankenhaus.

Am Krankenbett

Niemand geht gerne in ein Krankenhaus, auch als Besucher nicht. Man ist befangen, fühlt sich unwohl, weiß nicht so recht, wie richtig mit der Situation umzugehen ist. Einzige Ausnahme ist der Besuch bei einer jungen Mutter – er ist wohl stets ein freudiges Ereignis.

WELCHE BESUCHSZEITEN GIBT ES?

Heute gibt es in den meisten Kliniken keine strengen Besuchszeiten mehr, sondern eher Richtwerte. Nur in äußersten Ausnahmefällen sollten Sie jedoch nach 20.00 Uhr abends und vor 9.00 Uhr morgens auftauchen. Sprechen Sie sich mit der Familie und dem Freundeskreis ab, wer wann zu Besuch kommt. Überraschungsbesuche – selbst wenn Sie es gut meinen – sind im Krankenhaus nicht angebracht.

WIE VERHALTE ICH MICH BEIM KRANKENBESUCH?

Zeigen Sie Ihre Sorgen um den Patienten nicht allzu deutlich. Nehmen Sie Anteil, aber muntern Sie den Kranken außerdem auf. Seien Sie nicht zu fröhlich. Lärm, laute Rufe und andere störende Geräusche gehören nicht ins Krankenzimmer – und auch nicht auf den Klinikflur.

WANN IST DER RICHTIGE ZEITPUNKT FÜR EINEN BESUCH?

Klären Sie vorher ab, ob Ihr Besuch überhaupt erwünscht ist, am besten telefonisch. Formulieren Sie Ihre Frage so, dass der Kranke problemlos und ohne schlechtes Gewissen ablehnen kann. Viele Menschen wollen gerade im Krankheitsfall nicht besucht werden – das sollten Sie respektieren.

WIE LANGE SOLLTE EIN KRANKENBESUCH DAUERN?

Ob in der Klinik oder in den eigenen vier Wänden: Bleiben Sie nicht zu lange, selbst wenn Ihr Besuch dem Patienten Freude zu machen scheint. Vergessen Sie bitte nicht: Sie besuchen einen Kranken oder Rekonvaleszenten, der wieder zu Kräften kommen muss. Eine halbe Stunde, längstens 60 Minuten sind für den Besuch am Krankenbett ausreichend.

WELCHE GESPRÄCHSTHEMEN SIND ANGEBRACHT?

Gehen Sie rücksichtsvoll auf die Erzählungen, Klagen und natürlich auch heitere Episoden aus dem Klinikleben ein. Selbst wenn es Ihnen manchmal auf die Nerven geht – für den Kranken ist das Gespräch über seine Leidensgeschichte Balsam für die Seele.
Keinesfalls aber sollte man den (ohnehin labilen) Gemütszustand des Kranken mit Erzählungen von oder Vergleichen mit eigenen Leiden oder denen Dritter belasten. Gehen Sie behutsam auf den Kranken ein, stimmen Sie ihm zu und beruhigen Sie ihn, ohne ihn zu langweilen.

WIE WECHSLE ICH DAS THEMA?

Wenn Sie merken, dass der Kranke genug von den Krankengeschichten hat, wechseln Sie das Thema und lenken mit etwas Erfreulichem ab. Am besten überlegen Sie sich schon vor dem Besuch einige positive Themen, über die Sie sich dann austauschen können. Belastendes wie beispielsweise Ärger am Arbeitsplatz sollte im Krankenhaus nicht besprochen werden. Auch Klatsch bitte vermeiden.

WAS EIGNET SICH ALS MITBRINGSEL?

☑ Blumen, am besten kleine Sträuße aus Blumen, die nicht zu stark duften. Bitte keine Topfpflanzen und keine Trockensträuße in die Klinik mitbringen, denn das sind Staubfänger.
Achten Sie auf die Blumenauswahl, denn manche Blüten gelten als „Totenblumen". Dazu rechnet man weiße Astern, Callas, Chrysanthemen, Hortensien, Lilien oder Nelken.

☑ Kreuzworträtsel und Lesestoff: bitte keine dicken Wälzer, sondern eher Taschenbücher.

☑ Lebensmittel wie Pralinen, Obst, Säfte und Ähnliches: vorher sollten Sie allerdings abklären, was der Patient essen darf!

☑ Radio, Kassettenrekorder, CD-Player und Fernsehapparat: stellen Sie diese bitte nur zur Verfügung, wenn andere Patienten nicht gestört werden.

☑ Kassetten oder CDs, wenn Sie wissen, dass der Patient seinen Walkman oder CD-Player dabeihat. Gut geeignet und immer beliebter sind Hörspiele oder Hörbücher.

Anstandsregeln innerhalb der Familie

Sicher gehören Sie nicht zu den Menschen, die glauben, zu Hause müsste man sich nicht „benehmen“. Und auch für das Benehmen innerhalb der Familie gilt: Höflichkeit und Respekt sind das A und O.

Alle Benimmregeln, die man in der Öffentlichkeit befolgt, sollten auch zu Hause Beachtung finden. Das Wichtigste zum guten Benehmen innerhalb der Familie haben wir in diesem Kapitel übersichtlich zusammengefasst.

Dem Partner Respekt zollen

Wie zeige ich meinem Lebenspartner Respekt?

Verhalten Sie sich dem Ehe- oder Lebenspartner gegenüber höflich und zuvorkommend – selbst wenn es Ihnen manchmal schwer fällt. Auch nach langen Jahren des Zusammenlebens sollten Sie Unsitten wie nachlässige Kleidung oder ungepflegte Erscheinung nicht einreißen lassen. Dieses wird als Geringschätzung empfunden, denn für alle wichtigen Termine macht man sich üblicherweise frisch und schick.

BENIMMREGELN IM ÜBERBLICK

- ☑ Jedes Familienmitglied hat seine Intimsphäre – und die ist von allen zu respektieren.
- ☑ Das „stille Örtchen“ wird auch als solches betrachtet.
- ☑ Dinge, die zur Körperhygiene gehören, verrichtet man nicht in Gegenwart anderer, sondern allein im Badezimmer. Dazu gehört auch die Pflege von Finger- und Fußnägeln.
- ☑ Der Ton macht die Musik – dieser Satz gilt natürlich ebenfalls in der Familie.
- ☑ Jedes Familienmitglied wird so behandelt, wie man selbst gern behandelt werden möchte.

Welche Verhaltensregeln gibt es dem Partner gegenüber?

Zu den Anstandsregeln unter Ehepartnern beziehungsweise Lebenspartnern gehört es, dass Sie selbstverständlich immer „Bitte“ und „Danke“ sagen. Außerdem sollten Sie stets anrufen, wenn Sie später nach Hause kommen – nicht, damit Sie sich unter „Kontrolle“ begeben, sondern um zu verhindern, dass der andere sich Sorgen macht. Sie sollten es als Selbstverständlichkeit ansehen, dass Ihr Partner oder Ihre Partnerin weiß, wo Sie sich aufhalten. Wenn Sie unvorhergesehen aus dem Haus müssen, hinterlassen Sie eine kurze Nachricht, wo Sie sich befinden und wann Sie zurück sind.

„BITTE“ UND „DANKE“ SIND AUCH INNERHALB DER FAMILIE PFLICHT!

FAMILIENMITGLIED TIER – WAS IST ZU BEACHTEN?

Nicht alle Menschen sind tierlieb. Das müssen Sie akzeptieren, wenn Sie ein Tier besitzen und es Ihnen über alles geht. Nehmen Sie Rücksicht auf Ihre Mitbewohner – sowohl in der Familie wie ebenfalls in der Hausgemeinschaft:

☑ Katzen halten Sie bitte von allen Personen fern, die unter einer Katzenhaar-Allergie leiden.

☑ Nicht nur Kinder haben Angst vor Hunden: Halten Sie Ihren bellenden Vierbeiner immer auf Distanz und selbstverständlich an der Leine, wenn Sie jemand Fremden begegnen. Gesetzliche Vorschriften wie Maulkorb- und Leinenzwang nehmen Sie bitte auf jeden Fall ernst.

☑ Wenn Sie jemanden zum Essen oder zum gemütlichen Beisammensein einladen, fragen Sie sich vorher, ob Ihr Tier die anderen Personen stört oder nicht. Vielleicht haben Sie einen oder mehrere Gäste, die Ihre Tierliebe nicht nachvollziehen können oder vielleicht sogar Angst vor Ihrem Haustier haben.

☑ Wenn Sie eingeladen sind, erkundigen Sie sich vorher, ob Ihr Hund ebenfalls erwünscht ist. Akzeptieren Sie aber ohne Murren, wenn die Frage höflich mit Nein beantwortet wird. Denn auch wenn Ihnen Ihr Haustier ganz selbstverständlich als Familienmitglied erscheint, nach außen wird das oft anders empfunden.

Nachhilfe in Sachen Umgang

In Bremen ist es bereits Unterrichtsfach: Umgang, Benehmen und Verhalten. Denn immer weniger Jugendliche und Kinder zeigen sich anderen gegenüber respektvoll, das meint zumindest heute ein Großteil der Erwachsenen.

ROWDYS IM KINDERGARTEN, FLEGEL IN DER SCHULE: WAS HÄNSCHEN NICHT LERNT ...

Eine Umfrage des Instituts EMNID ergab: Sieben von acht Deutschen wünschen sich, von Jungen und Mädchen respektvoller behandelt zu werden. Mehr Disziplin in Schulen und Kindergärten befürworten rund 80 Prozent der Befragten. Innerhalb der Unterrichtsfächer Ethik oder Gemeinschaftskunde steht zwar auch der Umgang miteinander auf dem Lehrplan. Doch das erscheint manchem als zu wenig: Es gibt Bundesländer, in denen „Anstand und Benehmen" auf dem Stundenplan stehen. Gute Manieren sind dabei allerdings kein Unterrichtsfach im eigentlichen Sinne, sondern eher Benimm-Bausteine, die in den regulären Unterricht „eingestreut" werden. Damit sollen Kinder und Jugendliche aufs spätere Berufsleben vorbereitet werden. Denn auch dort wird erwartet, dass die Jugendlichen nicht nur gute Fachkenntnisse haben, sondern zudem die Spielregeln eines zivilisierten Miteinanders beherrschen.

Allerdings gibt es auch Diskussionen darüber, ob die Einführung eines eigenständigen Benimmunterrichts in der Schule Sinn macht. Zu Recht ist die Meinung zu den Plänen eines speziellen Benimmunterrichts zwiespältig. Dagegen spricht, dass Toleranz und Respekt an sich in allen Fächern und zu jeder Zeit im Klassenzimmer und auf dem Schulhof als selbstverständlich beachtet werden sollten. Außerdem ist die Erziehung zu guten Manieren eigentlich Sache der Eltern. Wer aber von seinen Eltern weder gegenseitigen Respekt noch höflichen Umgang lernt, wird später sicher Probleme haben. Das spricht für den speziellen Benimmunterricht. Bei diesen Kindern könnte die Schule weiterhelfen und ihnen jenseits der Familie gutes Benehmen beibringen. Damit würde die Schule den Kindern und Jugendlichen nicht nur die gesellschaftliche, sondern außerdem auch die spätere berufliche Integration leichter machen.

KINDER HABEN RECHT AUF RESPEKT

Am besten lernen Kinder von Vorbildern. Deswegen sollten sich Erwachsene Kindern gegenüber stets respektvoll verhalten – erwarten kann man schließlich nur das, was man auch gibt. Achten Sie aus diesem Grund darauf,

- ☑ selbst kleine Kinder niemals in der Öffentlichkeit zu maßregeln. Das ist für den Nachwuchs beschämend und für unfreiwillige Zuschauer oft peinlich.
- ☑ Ungehorsam und Unsinn nie herunterzuspielen. Setzen Sie Ihren Kindern klare Grenzen.
- ☑ körperliche Strafen zu vermeiden. Erklären Sie dem Kind lieber in ruhigen Worten, was es falsch gemacht hat. Das zeigt nachhaltigere Wirkung.
- ☑ das Reden in „Babysprache“ zu vermeiden. Sprechen Sie in einfachen Worten und Sätzen. Das nützt außerdem der sprachlichen Entwicklung Ihres Kindes.
- ☑ die Intimsphäre Ihres Kindes zu respektieren. Klopfen Sie an, bevor Sie das Kinderzimmer, das Badezimmer oder die Toilette betreten. Zu den Tabuzonen gehört ebenfalls das Tagebuch und die „geheime“ Schublade, in dem Ihr Kind seine Schätze aufbewahrt.
- ☑ Vertrauen zu zeigen! Nur dann wird Ihr Kind auch Ihnen Vertrauen entgegenbringen.
- ☑ ehrlich und aufrichtig zu sein – immer! Wenn Ihr Kind Sie etwas fragt, muss es die Gewissheit haben, dass es von Ihnen nicht angelogen wird. Kleineren Kindern kann man einen komplizierten Sachverhalt in der Regel auch mit ganz einfachen Worten erläutern.

ERZIEHUNGSDEFIZITE IN DEN GRIFF KRIEGEN

All das klingt auf den ersten Blick einfach und klar. Was aber tun, wenn Sie sich vergeblich bemühen, dem Nachwuchs etwas „beizubringen“? In der Zeitschrift „Stern“ wurde in einer achtteiligen Serie eingehend auf heute bestehende Erziehungsdefizite eingegangen. Die wichtigsten Tipps für die alltäglichen Erziehungsnöte zwischen Säuglingsalter und Pubertät sind in diesem Kapitel für Sie zusammengestellt.

Den eigenen Kindern „Manieren“ beibringen

Der Schlüsselbegriff moderner Erziehung heißt: Grenzen ziehen! Sagen Sie Ihren Kindern klipp und klar, was geht – und was nicht. Haben Sie keine Angst vor deutlichen Regeln, sie bedeuten ja nicht, dass Sie Ihr Kind nicht mehr lieb haben.

Ziehen Sie Grenzen! Kinder brauchen klare Regeln.

Hilfe beim Ziehen der Grenzen verspricht ein Erziehungsprogramm aus Australien, das zwölf Jahre erprobt wurde und nun in der ganzen Welt erfolgreich eingesetzt wird: Triple P. Triple P steht für „Positive Parenting Program“ und es hat den entscheidenden Vorteil, dass es – anders als viele Erziehungsratschläge – wissenschaftlich auf seine Wirksamkeit überprüft wurde.
Ihnen als Eltern gibt dies Sicherheit. Denn kaum jemand weiß, ob er mit seinen Kindern zu nachgiebig oder zu hart umgeht.

Bitte beachten!

Ab dem zweiten Lebensjahr ahmen kleine Kinder andere nach: eine gute Chance für den Einstieg in ein höfliches Erwachsenenleben. Gesetzt den Fall natürlich, dass Höflichkeit innerhalb der Familie auch vorgelebt wird. Ansonsten wird das Negativbeispiel nämlich nachgeahmt.

Wobei hilft mir das Erziehungsprogramm Triple P?

Triple P ist kein Therapieprogramm für schwer gestörte Problemkinder, sondern praktische Alltagshilfe für ganz normale Erziehungsnöte zwischen Säuglingsalter und Pubertät. Es ist gedacht für die tausendundeinen Alltagskonflikte, die selbst bei einem Kleinkind schon auftreten und Ihre Nerven auf die Probe stellen beziehungsweise Sie als Eltern auf die Palme treiben.

Was dürfen Eltern – und was nicht?

Triple P bringt vor allem den Eltern bei, was sie dürfen und was sie besser lassen. Es handelt sich um Kleinigkeiten – aber die machen das „große Ganze“ aus. Das Wichtigste: niemals aus den Augen zu verlieren, dass Sie als Erziehende oder als Erziehender klare Ansagen machen müssen.

Setzen Sie sich zunächst ein bis zwei kleinere, leicht erreichbare Ziele. Sie werden es nämlich gewiss nicht schaffen, in Nullkommanichts aus Ihrem kleinen Rabauken ein artiges Bübchen zu machen. Das sollte auch gar nicht Ihr Ziel sein: Miteinander auskommen heißt die Devise. Und zwar so miteinander auskommen, dass Aggressionen, Streit und Schreierei möglichst außen vor bleiben.

WAS TUN BEI STREIT UND AGGRESSION IN DER FAMILIE?

☑ Regel Nr. 1: Schreiben Sie zunächst auf, was Sie besonders nervt. Und wann Ihr Kind diese so störenden und nervenden Verhaltensweisen zeigt. Sie werden schnell erkennen: Ihr Kind (auch ein Jugendlicher) spiegelt das Verhalten der Eltern wider. Wenn Sie Ihrem Partner ohne Respekt begegnen, wenn Sie sich selbst nicht mögen oder wenn Sie Ihren Ärger an Ihrem Nachwuchs auslassen, dann werden Ihre Kinder ganz genauso reagieren.

☑ Regel Nr. 2: Jeder Mensch neigt dazu, auf Negatives viel eher sensibel zu reagieren als auf Positives – auch Sie. Nach dem Aufschreiben aller kindlichen „Nervtötereien“ werden Sie nämlich höchstwahrscheinlich herausfinden: Ihr Kind quengelt nicht den ganzen Tag, sondern nur ein paar Mal. Im Gedächtnis behalten Sie jedoch den stetig quengelnden Störenfried, aber dem ist in der Realität bei weitem nicht so.

☑ Regel Nr. 3: Geben Sie nicht zu viele, zu wenige oder zu ungenaue Anweisungen. Und: Äußern Sie Ihre Wünsche so, dass es dem Alter Ihres Kindes gerecht ist. Ein Dreijähriger ist mit der Aussage „Räum dein Zimmer auf!“ überfordert. Sagen Sie besser: „Bitte räum die Legosteine weg!“ Mit der ungenauen Aussage „Sei nicht so albern!“ kann nicht mal ein Erwachsener etwas anfangen. Und mit der Frage „Möchtest du jetzt ins Bett gehen?“ lassen Sie Ihrer Sechsjährigen die Wahlfreiheit. Natürlich möchte sie nicht ...

Geben Sie stattdessen die Anweisung in ruhigem Ton: „Verena, in fünf Minuten gehst du zu Bett!“ So provozieren Sie keine unnötigen Diskussionen.

Warum verweigert sich mein Kind?

Hinter Verweigerung steckt immer ein kindliches Lernprogramm. Die Kleinen wollen Beachtung, egal wie. Wird ein bestimmtes Verhalten durch Aufmerksamkeit belohnt, nimmt genau dieses Verhalten zu. Auch Schimpfen und Schreien ist Aufmerksamkeit, ist ungewollte Belohnung. Das Fazit für Sie als Eltern: Aufmerksamkeit ist die wichtigste elterliche „Währung". Also lieber Aufmerksamkeit für positives Verhalten als für negative Nervtötereien.

Wie gehe ich mit Erfolg und Fortschritt meines Kindes um?

Beides ist nicht selbstverständlich, sondern sollte ausdrücklich gelobt werden. Und zwar ohne negativen Touch. Beispiel gefällig? Wenn Ihr Vierjähriger beim Friseur brav und ganz versunken eine Stunde in der Ecke spielt, loben Sie ihn gezielt. Lassen Sie dabei keinen Tadel mitschwingen. Also nicht: „Toll, dass du vorhin nicht genervt hast." Sondern: „Klasse, dass du so schön gespielt hast." Kleinigkeiten? Ja. Aber wichtige. Sie wiegen für die Eltern-Kind-Beziehung viel ...

AUFMERKSAMKEIT IST DIE WICHTIGSTE ELTERLICHE „WÄHRUNG".

Und wenn mein Kind dauernd quengelt?

Helfen Sie Ihrem Kind, die Welt zu entdecken. Bieten Sie ihm spannende Anregungen: Kochen Sie gemeinsam, malen Sie mit ihm, regen Sie seine Fantasie an. Beschäftigte Kinder quengeln nicht. Stimulieren Sie den Verstand Ihres Nachwuchses lieber mit Fragen, anstatt den Sprössling zuzutexten mit Vorschriften, Regeln, Ermahnungen, Schimpfen, Schreien. Nehmen Sie sich öfter am Tag bewusst Zeit – bei Triple P nennt sich dies „wertvolle Zeit". Legen Sie die Zeitung weg, unterbrechen Sie ein Gespräch kurz und seien Sie ein paar Minuten Ihrem Kind ganz Ohr.

Antworten Sie immer prompt, wenn Ihr Kleiner eine Frage oder Bitte angemessen stellt. Häufig befinden sich Kinder in einer Endlos-Warteschleife von Vertröstungen ihrer Eltern: „Gleich ...", „In fünf Minuten ...", „Ich muss nur noch schnell ...", „Wenn ich gebügelt habe..." – kein Wunder, dass sie dann unleidlich sind. Unterbrechen Sie Ihre Arbeit aber auf ein Minütchen und gehen auf das Anliegen Ihres Kindes ein, ist es glücklich und hat keinen Grund mehr, wegen mangelnder Aufmerksamkeit zu quengeln.

BITTE BEACHTEN!

Stellen Sie möglichst wenige Regeln auf. Aber die aufgestellten Regeln ziehen Sie bitte konsequent durch – bei sich und bei Ihrem Kind. Beispiele: „Wir schreien uns nicht an!“ Oder: „Wir lassen einander ausreden!“ Und: „Vor dem Abendbrot ist alles Spielzeug aufgeräumt!“ Oder: „Wir kommen pünktlich zum Essen. Wir essen mit Messer und Gabel und bleiben sitzen, bis jeder fertig ist.“

Wie gehe ich mit problematischem Verhalten meines Kindes um?

Schon kleinste Aufmerksamkeiten helfen, denn Erziehung ist ein Geschäft auf Gegenseitigkeit. Die Kleinen passen genau auf, welchen Nutzen ihr (besseres) Verhalten bringt. Gibt es keine Vorteile, sehen sie auch keinen Grund, (schlechtes) Verhalten aufzugeben. Dabei sind Ihnen als Eltern durchaus kleine Bestechungen erlaubt. Etwa ein Bonusheftchen, in das Ihr Kind einen Sticker kleben darf, wenn es mit normaler Stimme spricht, anstatt zu nörgeln. Nach ein paar Tagen hat Ihr Sprössling genug bunte Bildchen eingeklebt, um die selbstgewählte Belohnung zu kassieren: einen Spielnachmittag mit der ganzen Familie.

Was tue ich, wenn mein Kind aggressiv ausrastet?

Aggressionen lösen Aggressionen aus, und sofort ist die Stimmung im Keller. All die kleinen Alltagskonflikte machen das Zusammenleben innerhalb der Familie mühsam. Und natürlich sind auch Eltern nicht gegen Aggressionen gefeit. Schreien, Drohen und Abwerten („Du ist doch blöd!“) sind in vielen Familien der Normalfall. Kein Wunder, dass Kinder irgendwann einmal nur noch auf Schreien reagieren und aggressives Verhalten das einzige ist, das sie verstehen und selbst anwenden. Unser Nachwuchs lernt schnell: „Wenn ich lange genug rumbrülle - dann kriege ich irgendwann das, was ich will!“ Es ist zwar sicher nicht leicht, aber

KLARE REGELN UND GRENZEN KENNEN ZU LERNEN IST FÜR KINDER WICHTIG.

dennoch sollten Sie sich – so ist es in Triple P erprobt worden – in kleinen Schritten üben und vor allem auch schon kleine Erfolge sehen. Und noch etwas: Machen Sie Ihren Kindern klare Ansagen. Das ist oft das Schwerste. Keine Wortkaskaden, kein Drohen – sondern eindeutige Anweisungen. In einer kindgerechten Sprache: „Anna, in fünf Minuten gehst du ins Bett!" Kein Bitten, kein Betteln à la „Anna würdest du bitte ...". Das klingt härter, als es ist.

Was tun, wenn alles Verständnis nichts nützt – ist Strafe erlaubt?

Ihr kleines Monster ist einfach nicht zu bändigen? Auch bei Triple P gibt es in solchen Fällen Konsequenzen. Der Unterschied zur Bestrafung: die Konsequenz demütigt nicht, sondern soll einen Lernprozess in Gang setzen. Deshalb müssen Sie die Konsequenz auch prompt zeigen und sie muss immer in einem logischen Zusammenhang mit dem Verhalten des Kindes stehen.
Ein Beispiel: Sarah und Nicole streiten, weil jede ein anderes Video sehen will. Ihre Konsequenz: Sie schalten den Fernseher fünf Minuten aus! Solche Strategien sollen Ihnen so selbstverständlich werden wie Essen, Trinken und Atmen.

Muss ich mein Kind denn wirklich „wegsperren"?

Angst macht nur das Unvorhersehbare. Der Ablauf vom „stillen Stuhl" oder „Auszeit" aber ist vorhersehbar. Viele Eltern schicken ihre Kinder auch jetzt schon ins Kinderzimmer, wenn sie wüten und toben. Allerdings meist viel zu lange, oft ohne zeitliche Begrenzung. Bei Triple P ist das anders: Die Auszeit soll bei Zweijährigen maximal eine Minute, bei Zehnjährigen fünf Minuten dauern. Das Verblüffende zeigt sich jedoch in der alltäglichen Praxis – und das bestätigen die Eltern auf der ganzen Welt: Die Strategie „Auszeit" ist oft gar nicht nötig. Wunder bewirkt allein schon die neue Entschlossenheit. Denn Sie als Eltern bekommen mehr Sicherheit – und das wiederum wirkt sich auf Ihre Kinder aus. Die wissen nämlich jetzt genau, was Sie von ihnen wollen und wie Sie reagieren.

BITTE BEACHTEN!

Wenn Auszeiten nach zwei Wochen nichts bewirkt haben, gerät Triple P an seine Grenzen. Dann sollte man professionelle Hilfe suchen.

WELCHE STRATEGIEN VERFOLGT TRIPLE P?

Triple P kennt fünf Strategien – sie sind jede für sich genommen für jede Situation anwendbar.

☑ Strategie eins ist die einfachste. Sie nennt sich „direkte Ansprache“: Gehen Sie hinunter auf Augenhöhe und erinnern Sie Ihr Kind an die Familienregeln. Ihre Kleine zappelt am Abendbrottisch? „Sarah – was haben wir ausgemacht? Zeig mir mal, wie man richtig am Tisch sitzt.“

☑ Strategie zwei: Ihr Kleiner bringt ein Schimpfwort aus dem Kindergarten mit? Das ist eine Kleinigkeit – einfach ignorieren!

☑ Strategie drei heißt „logische Konsequenz“. Hier gilt das Gleiche wie beim Videogucken (siehe Seite 38). Das greift bei Ihren Kindern nicht? Dann probieren Sie Strategie vier.

☑ Strategie vier, der „stille Stuhl“. Das klingt zwar nach In-der-Ecke-Stehen und Arrest, ist aber nicht so gemeint. Im Englischen nennt man dies treffender „quiet time“, also „stille Zeit“: Ihr Kind soll maximal fünf Minuten still auf einem Stuhl sitzen und keinerlei Beachtung bekommen. Das Ziel: Der kleine Rabauke soll wieder zur Ruhe kommen. Und auch die Eltern sollen in dieser Zeit abkühlen. Erst wenn Sie es erlauben, darf Ihre zornige kleine Tochter wieder aufstehen. Sie springt vorzeitig vom Stuhl oder wütet weiter? Dann folgt Strategie fünf.

☑ Strategie fünf – die „Auszeit“: Sie entziehen Ihrem Kind Ihre Aufmerksamkeit für das negative Verhalten. Der Raum für diese „Auszeit“ soll jedoch möglichst nicht das Kinderzimmer sein. Das wäre zu attraktiv. Natürlich schicken Sie Ihr Kind auch nicht in den Keller hinunter. Aber stattdessen vielleicht ins Elternschlafzimmer nebenan. Denken Sie daran: Konsequenz zeigen – schlimmstenfalls die Ohren zuhalten!

Wie zeige ich meinem Kind trotz allem, dass ich es liebe?

Viele Fortschritte nehmen wir als Selbstverständlichkeit hin. Es ist aber nicht selbstverständlich, dass Hannes brav im Auto wartet, wenn der Vater nochmals kurz ins Haus geht. Deshalb: Loben Sie Ihr Kind auch und gerade für scheinbare Selbstverständlichkeiten.

Einige Beispiele aus der Praxis

Wie kann ich die Wutanfälle meiner Dreijährigen stoppen?

Wutanfälle sind in diesem Alter häufig, weil so kleine Kinder ihre Emotionen noch nicht so gut kontrollieren können und erst lernen müssen, Ärger angemessen auszudrücken. Loben Sie Ihre Kleine, wann immer sie es schafft, bei Frust ruhig zu bleiben und zu sagen, was sie will. Sagen Sie ihr präzise, was sie tun soll: „Hör auf zu schreien und frag mich mit normaler Stimme."

Kleine Kinder haben ihre Emotionen nur zum Teil unter Kontrolle – deswegen sind Wutanfälle „normal".

Wie kann ich „Abschiedsdramen" verhindern, wenn ich meine Fünfjährige in den Kindergarten bringe?

Bereiten Sie die Kleine auf die Trennung vor. Erklären Sie ihr, dass Sie noch ein paar Minuten mitkommen, sie aber dann bis zum Mittag dort bleiben muss. Sagen Sie ihr, wohin Sie gehen, und wann Sie wiederkommen. Stellen Sie gemeinsame Zeit als Belohnung in Aussicht. „Wenn ich dich abhole, gehen wir noch zum Spielplatz." Helfen Sie ihr im Kindergarten, den Einstieg ins Spiel zu finden. Loben Sie sie, wenn sie sich anderen Kindern anschließt. Sagen Sie „Auf Wiedersehen" und gehen Sie. Ignorieren Sie Protest! Wenn Sie zurückkommen, begrüßen Sie Ihre Tochter und beschäftigen sich eine Zeit lang nur mit ihr.

Was tun, wenn mein Sechsjähriger von früh bis spät nörgelt?

Überprüfen Sie selbstkritisch zunächst einmal Ihren eigenen Ton – neigen Sie zum Jammern? Falls ja, ändern Sie erst einmal Ihr eigenes Verhalten.

Wenn Ihr Kind immer noch greint, um etwas zu bekommen, sagen Sie: „Bitte sprich mit normaler Stimme." Loben Sie ihn sofort, wenn er angemessen redet. Benutzen Sie bei anhaltendem Jammern eine logische Konsequenz. Zum Beispiel: „Du hast mich nicht mit ruhiger Stimme gefragt, du bekommst jetzt kein Eis." Geben Sie ihm die Möglichkeit, noch einmal angemessen zu fragen.

WENN DIE WUT KEIN ENDE FINDET ...

Wenn Ihr Kind weiterhin wütet: Entziehen Sie ihm die Aufmerksamkeit. Wählen Sie einen sicheren, uninteressanten Ort, wo es sich zwei Minuten lang beruhigen kann. Wichtig: Sie müssen die „Auszeit“ genau erklärt haben – und zwar nicht erst, wenn der Konflikt da ist. So vermeiden Sie Angst. Sagen Sie genau, was weiter passiert. „Wenn du zwei Minuten ruhig gewesen bist, hol ich dich wieder.“ Danach nicht mehr darüber reden. Helfen Sie Ihrem Kind, wieder eine Beschäftigung zu finden, und loben Sie: „Schön, wie du spielst.“

Wie reagiere ich, wenn meine 14-Jährige Tochter erst um Mitternacht nach Hause kommt?

Selbst wenn Sie innerlich toben oder vor Angst verrückt werden: Verschieben Sie die Aussprache bis zum Morgen, wenn Sie wieder ruhiger sind. Forschen Sie nach den Ursachen, aber erklären Sie Ihrer Tochter auch Ihre Sicht der Dinge. „Es ist mir wichtig, dass ich mich darauf verlassen kann, dass du pünktlich kommst. Ich habe mir große Sorgen gemacht.“ Erwarten Sie nicht gleich eine Entschuldigung oder dass Ihr Kind sagt: „Ja, du hast ja Recht.“ Das klappt in diesem Alter nicht immer. Viel wichtiger als das Buhlen um Verständnis ist es, dass Ihrem Kind klar wird, was es bei seinen Eltern ausgelöst hat. Die Konsequenz für das Zu-spät-kommen könnte zum Beispiel sein: Ziehen Sie die überschrittene Zeit Ihrer Tochter am nächsten Abend ab.

Wenn mein Halbwüchsiger die Schule schwänzt ...

Wenn Sie wütend sind, vertagen Sie das Gespräch. „Wir sprechen heute Nachmittag darüber, wenn ich mich abgeregt habe.“ Erfragen Sie seine Sicht der Dinge, schildern Sie Ihre Sicht (Vertrauensbruch). Erklären Sie, warum es wichtig ist, dass er in die Schule geht. Überlegen Sie gemeinsam Abhilfen, etwa ein Gespräch mit dem Lehrer oder – bei Angst vor der Klassenarbeit – ausreichendes Lernen. Wenn Ihr Sohn öfter die Schule schwänzt, treffen Sie eine Vereinbarung, auch über mögliche Konsequenzen: „Wenn du schwänzt, wird mir deine Lehrerin sofort Bescheid sagen.“ Eine andere Möglichkeit – Sie entziehen ein Privileg. Zum Beispiel: kein Kino am Wochenende.

Was der Nachwuchs wann „können“ sollte

Wenn sich Ihr Nachwuchs schlecht benimmt, gilt vor allem eins: Bleiben Sie ruhig, lassen Sie sich nicht provozieren. Trotzdem gibt es Grenzen des Tolerierbaren, gewisse Benimmregeln sollten Kinder auf jeden Fall beherrschen.

SCHON KLEINE KINDER SOLLTEN BEIM ESSEN WISSEN, DASS ...

☑ man erst zugreift, wenn alle am Tisch sitzen.
☑ es unappetitlich klingt, die Suppe zu schlürfen.
☑ man sich nicht nach Lust und Laune aus den Schüsseln und Töpfen bedient.
☑ man nicht mit einem vollem Mund spricht.
☑ Lippen nicht am Ärmel, sondern an der Serviette abgewischt werden.
☑ erst aufgestanden wird, wenn alle mit dem Essen fertig sind.

ABC-SCHÜTZEN SOLLTEN WISSEN, DASS ...

☑ sie nicht immer im Mittelpunkt stehen können.
☑ sie Erwachsene und Lehrer ausreden lassen sollen.
☑ sie Personen, die zu Besuch kommen, begrüßen und ihnen dabei in die Augen schauen sollen.
☑ sie nicht immer ihren Willen durchsetzen können.
☑ sie Geliehenes auch immer zurückgeben müssen.
☑ sie in Geschäften nicht alle Waren befingern oder Tüten sogar aufreißen dürfen.
☑ sie beim Husten, Niesen und Gähnen die Hand vor den Mund halten sollen.
☑ Kaugummis nicht unter den Stuhl oder Tisch geklebt werden.
☑ sie erst mit dem Essen beginnen sollen, wenn alle etwas auf dem Teller haben, und dass sie nicht immer die größte, letzte, beste Portion bekommen.
☑ sie Schimpfworte und obszöne Gesten unterlassen sollen.
☑ „Bitte“ und „Danke“ das Leben ungemein erleichtern, ebenso Entschuldigungen, wenn man mal „Mist gebaut“ hat.
☑ sie während der Mahlzeiten nicht umherlaufen, nicht mit dem Besteck spielen oder es ablecken und einmal angefasstes Brot nicht mehr auf den Brotteller zurücklegen sollen.

EIN KIND IM ALTER VON 10 BIS 12 JAHREN SOLLTE WISSEN, DASS …

☑ es bei Tisch freundlich um etwas bittet und deshalb nicht über Schüsseln und Gläser greift.
☑ es einfach „nein danke" oder „ja bitte" sagt, wenn es gefragt wird, ob es noch was essen möchte.
☑ es pünktlich ist und sich bei den Eltern meldet, wenn es mal später wird.
☑ es anderen Personen gegenüber aufmerksam ist, Hilfe und Platz anbietet, auch mal die Türe aufhält.
☑ es Jüngere in Schutz nimmt.
☑ es nicht „Hä" und „was" fragt, sondern „Wie bitte?"
☑ es zur Begrüßung aufsteht, die Hand nicht in der Hosentasche behält und auch bei Tisch die heißgeliebte Baseballkappe oder die Sonnenbrille abnimmt.
☑ es „Familiengeheimnisse" nicht überall herumerzählt.
☑ es sich an Absprachen hält.
☑ Hilfsbereitschaft auf Gegenseitigkeit beruht.
☑ es nicht schonungslos die Wahrheit sagen sollte und so Menschen in ihren Gefühlen verletzt.
☑ es anderen nicht ins Wort fällt, sondern sie ausreden lässt.

JUGENDLICHE SOLLTEN WISSEN, DASS …

☑ man sich in der Clique auch behaupten kann, wenn man keine Statussymbole trägt.
☑ man andere nicht hochnäsig behandelt und ihre Person mit diskriminierender Sprache herabsetzt.
☑ man sich im Ausland oder gegenüber ausländischen Mitbürgern nicht verhalten sollte wie ein Kolonialherr.
☑ man nicht raucht, ohne zu fragen schon gar nicht, wenn andere essen oder beim Mitfahren in einem fremden Auto.
☑ man sich rücksichtsvoll verhält und zum Beispiel in der Bahn nicht zwei Sitze beansprucht oder die Füße auf den Sitz legt.

Lebensart in der Öffentlichkeit

Außerhalb der eigenen vier Wände geht man miteinander etwas anders um als im Freundes- und Familienkreis. Höflich und taktvoll, aber gleichzeitig natürlich sein, heißt die Herausforderung.

In der Öffentlichkeit stellt man sich anders als im Freundes- und Familienkreis der Beobachtung durch fremde Personen. Und deshalb muss man sich besonders „vorsehen", und möchte auch selbst jeden noch so kleinen „Fehler" vermeiden.

Grüßen und Begrüßen

Wer begrüßt wen und wie? Reicht man zur Begrüßung die Hand oder nicht, stellt man zuerst die Dame dem Herrn vor oder umgekehrt? Die ersten Minuten eines Treffens können jede Menge Fragen aufwerfen, denn schließlich sollen hier in kürzester Zeit wesentliche Informationen zu Ihrer Person beziehungsweise anderen Personen übermittelt werden.

Wie begegne ich guten Freunden in der Öffentlichkeit?

Selbst die größte Wiedersehensfreude wird man auf der Straße, im Restaurant oder bei anderen „öffentlichen" Orten nicht laut und überschwänglich ausdrücken. Man kann seine Gefühle auch unauffällig ausdrücken und muss sich nicht unbedingt laut jubelnd um den Hals fallen.

In welcher Reihenfolge wird gegrüßt?

Die Grundregel lautet: „Ladies first!" Diese Vorschrift wird dann durchbrochen, wenn Sie mehr als fünf Personen auf einmal begrüßen. Dann gehen Sie der Reihe nach vor. Davon abgesehen grüßt stets zuerst, wer einen Raum betritt (dies gilt für das private Zimmer ebenso wie für ein Restaurant) und wer als Einzel-

GRÜSSEN UND BEGRÜSSEN – DER UNTERSCHIED

Einem Gruß muss kein Gespräch folgen, er ist lediglich ein höfliches Signal des Respekts – auch an einen Nachbarn oder Kollegen, mit dem Sie vielleicht nicht so gut „können". Mit einem Gruß geben Sie zu erkennen, dass Sie jemanden gesehen und erkannt haben. Zu jedem Gruß gehören der Blickkontakt und ein freundliches Lächeln. Bei der Begrüßung dagegen richten Sie das Wort an Ihr Gegenüber und reichen ihm eventuell die Hand.

ner auf eine Gruppe zukommt. Ältere Menschen halten sich oft noch an die Regel gebunden, dass der „Niedrigergestellte" den „Höhergestellten" (und das ist der Ältere dem Jüngeren gegenüber beziehungsweise die Dame den Herrn) zu grüßen hat. Ein höflicher Mensch wird lieber einmal „zu viel" oder „zu früh" grüßen als steif abzuwarten, ob die ihm „zustehende" Begrüßung wirklich erfolgt.

WANN GRÜSSE ICH IN JEDEM FALL?

Sie grüßen andere Menschen, wenn Sie

- ☑ ein Eisenbahnabteil betreten. Im Großraumwagen richten Sie Ihren Gruß lediglich an Ihre Sitznachbarn.
- ☑ sich im Flugzeug, im Bus oder anderen Verkehrsmitteln neben einen anderen setzen.
- ☑ in ein Wartezimmer kommen.
- ☑ ein kleineres Geschäft oder ein Restaurant betreten.
- ☑ in einen Fahrstuhl einsteigen.
- ☑ in ein fremdes Bürozimmer kommen. Gleiches gilt auch, wenn Sie in Behörden und Ämtern einen Raum betreten.
- ☑ andere Personen auf einem Hotelflur treffen.
- ☑ in Ihrer Firma Besucher empfangen oder Menschen treffen, die dort fremd sind.
- ☑ in einem Supermarkt oder Kaufhaus einen Verkäufer etwas fragen. Beim Bezahlen an der Kasse ist ein Gruß ebenfalls angebracht.

Muss ich aufstehen, wenn ich jemanden begrüße?

Als Herr stehen Sie normalerweise auf, wenn Sie jemanden begrüßen – nicht nur bei einer Dame, sondern prinzipiell. Als Dame „dürfen“ Sie zwar sitzen bleiben. In vielen Situationen ist es aber sicher höflicher, wenn Sie sich erheben.

Wann ist der Handschlag auch in Deutschland unnötig?

Dies entscheiden Sie nach der Situation: Sie werden die Kollegen im Büro nicht tagtäglich reihum mit Handschlag begrüßen. Geht ein Mitarbeiter jedoch für ein paar Wochen in Urlaub oder in Kur, ist der Handschlag durchaus angebracht. Auch strecken Sie etwa einem Bekannten nicht die Hand hin, wenn er schwer beladen aus dem Supermarkt kommt, und grüßen auch nicht mit Handschlag, wenn Sie Freunde im Restaurant treffen, während sie gerade speisen.

> *Der in Deutschland selbstverständliche Handschlag zur Begrüßung ist international eher unüblich.*

Als junger Mensch besser warten!

Warten Sie als sehr junger Mensch ab, wenn Sie eine wesentlich ältere Person oder einen Vorgesetzten treffen: Da macht es einen schlechten Eindruck, wenn Sie als junger Mensch die Hand zum Gruß entgegen strecken.

Wie verhalte ich mich als Frau beim Handkuss?

Als Dame müssen Sie diese Form der Begrüßung zumindest in der Öffentlichkeit bitte akzeptieren – selbst wenn Sie dafür eigentlich nichts übrig haben.
Lassen Sie es nicht auf eine Rangelei ankommen: Nichts wirkt peinlicher als eine Dame, die sich energisch gegen einen Handkuss-Kavalier wehrt.

BITTE BEACHTEN!

Wir Deutschen sind eines der wenigen Völker, bei denen der Handschlag zur Begrüßung ganz selbstverständlich dazugehört. Nach internationalen Regeln reicht man sich lediglich die Hand, wenn man

- ☑ sich zum ersten Mal begrüßt beziehungsweise kennen lernt.
- ☑ sich für längere Zeit von jemandem verabschiedet.
- ☑ jemanden nach einem größeren Zeitraum wieder trifft.

SO FUNKTIONIERT DER HANDKUSS

Das Wichtigste beim Handkuss ist folgende Regel: Im Berufsleben hat der Handkuss nichts verloren! Im Privatbereich dagegen kann man es mit dem Handkuss halten wie man es will.

Und so hat ein Handkuss zu erfolgen: Die Hand der Dame wird vom Herrn nicht zu sich emporgezogen, sondern er beugt sich darüber. Und ein paar Zentimeter über dem Handrücken küsst er dann formvollendet – in die Luft. Dann verharrt der Herr kurz in dieser Position und richtet sich wieder auf. Noch ein Hinweis: Der Handkuss sollte auf geschlossene Räumlichkeiten (wozu in diesem Fall ebenfalls die Terrasse zählt) beschränkt bleiben. Auf der Straße wirkt der Handkuss mit Sicherheit deplatziert.

Wie gehe ich mit einem Kuss oder Bussi zur Begrüßung um?

Das heute übliche Begrüßungsbussi ist meist mit einer leichten Umarmung verbunden und wird ebenfalls nur angedeutet. Nur wirklich innige Freunde und Familienangehörige küssen dabei tatsächlich die Wangen. Hier der richtige Ablauf für den Kuss zur Begrüßung: Man küsst normalerweise zweimal, erst links, dann rechts.

Wie stelle ich Fremde einander richtig vor?

Es gibt zwei Regeln, die Sie unbedingt beherzigen sollten: Erstens wird der Name eines Herrn vor dem der Dame genannt. Zweitens wird die offensichtlich jüngere Person der älteren vorgestellt. Die „wichtigere" Person erhält dann Informationen zu ihrem Gegenüber, sodass sie die Person besser einordnen kann: Der Vorgesetzt erfährt, wer der neue Mitarbeiter im Betrieb ist. Der Dame wird mitgeteilt, wer der jugendliche Begleiter an Ihrer Seite ist. Besonders freundlich ist es, wenn Sie auf Gemeinsamkeiten zwischen den Personen hinweisen – das erleichtert diesen den Gesprächseinstieg enorm.

Wer stellt wen vor?

Am besten übernimmt das derjenige, der die anderen Personen der Gruppe kennt. Und das kann – im Gegensatz zu früher – inzwischen auch die Dame sein!

DIE RICHTIGEN WORTE FINDEN

Wenn Sie andere miteinander bekannt machen, tun Sie dies in schlichten Worten. Veraltet sind solche Floskeln wie „Gestatten Sie, dass ich bekannt mache?“ oder „Erlauben Sie mir, Ihnen ... vorzustellen?“. Hüten Sie sich auch vor solch altertümlichen Worten wie „Gattin“, „Gemahlin“ und Ähnliches, da solches heute sehr unnatürlich wirkt.

Wie stelle ich mich selbst vor?

Blicken Sie Ihr Gegenüber offen und freundlich lächelnd an, und nennen Sie deutlich Ihren Namen: „Guten Tag, ich heiße ...“ oder „Guten Tag, mein Name ist ...“. Sie können durchaus gleich Ihren Vornamen ins Spiel bringen. Wenn Sie wollen, können Sie außerdem verraten, welche „Funktion“ Sie in der Gruppe haben: „Ich bin die Stellvertreterin von Herrn ....“, „Ich bin ein Freund des Hausherrn“ oder „Ich arbeite in der Versandabteilung“.

Ist die Vorstellung mit Vornamen die „Erlaubnis“ zum Duzen?

Stellt sich jemand mit den Worten vor: „Guten Tag, ich bin Christina!“ (nennt also nur den Vornamen), so ist dies die stillschweigende Erlaubnis zum Duzen.

Was entgegne ich beim Vorstellen?

Man murmelt heute keine Entgegnungsfloskeln mehr. Sagen Sie lieber klar und deutlich „Ich freue mich, Sie endlich kennen zu lernen“ oder „Wie schön, dass wir uns treffen!“ Aber bitte nicht „Sehr erfreut“ oder „Angenehm“ oder gar „Ich habe die Ehre!“

BITTE BEACHTEN!

Wenn Sie einen Titel wie Doktor oder Professor tragen, ist es stilvoll, dies bei der Selbstvorstellung nicht zu erwähnen. Sie stellen sich auch nicht selbst mit dem Zusatz „Ich bin Herr/Frau...“ vor! Vermeiden sollten Sie auch scheinbar lässige Formulierungen wie etwa „Hallo, ich bin der Michael aus Köln-Porz!“ oder die aus den James-Bond-Filmen stammende Phrase „Mein Name ist Müller. Andreas Müller!“. Solches wirkt albern und konstruiert.

Reicht man sich beim Vorstellen die Hand?

Der Händedruck gehört bei der Vorstellung immer noch zur Begrüßung. Hierbei reicht die Dame dem Herrn zuerst die Hand, ältere Personen strecken jüngeren die Hand hin. Wichtig dabei: Halten Sie Blickkontakt, verbunden mit einem freundlichen Lächeln.

Wie gehe ich mit der Visitenkarte um?

Visitenkarten sind eine gute Möglichkeit, sich namentlich kennen zu lernen. Sie reichen dem anderen Ihre Karte nach der Vorstellung durch eine dritte Person. Stellen Sie sich selbst vor, reichen Sie Ihre Karte nach dem Händedruck.

Darf ich beim Begrüßen die Hand in der Tasche behalten?

Es hat nichts mit Respektlosigkeit zu tun, wenn Sie dies in einem lockeren Gespräch (selbst in einer beruflichen Situation) tun. Das gilt auch für Damen – wobei die Hand einerseits in der Jacken-, aber auch in der Hosentasche bleiben darf. Beachten Sie aber bitte: Bei einer Begrüßung und beim Vorstellen bezeugen Sie Ihrem Gegenüber Respekt, wenn Sie die Hand aus der Tasche nehmen.

WANN IST DIE VORSTELLUNG ÜBERFLÜSSIG?

Sie müssen sich nicht vorstellen, wenn Sie

- ☑ an einem Informationsschalter um eine Auskunft bitten.
- ☑ nach dem Weg, nach einer Straße oder nach der Uhrzeit fragen.
- ☑ sich im Restaurant zu Fremden an den Tisch setzen oder wenn Fremde an Ihrem Tisch Platz nehmen.
- ☑ sich im Wartezimmer beim Arzt oder Anwalt befinden.
- ☑ auf Reisen einchecken.
- ☑ auf Reisen in Bahn, Bus oder Flugzeug neben einem anderen sitzen.
- ☑ an der Haltestelle warten.
- ☑ sich im Fahrstuhl befinden.

Wie verhalte ich mich, wenn ich einen Namen nicht richtig verstanden habe?

Am besten fragen Sie sofort nach. Die passende Formulierung ist ganz einfach und direkt nachzuhaken: „Verzeihung, ich habe Ihren Namen nicht verstanden.“

VISITENKARTEN BERUFLICH UND PRIVAT

Eine Visitenkarte sollte selbstverständlich immer „wie neu“ sein – also weder geknickt noch angeschmutzt.
Handschriftliche Ergänzungen sind eigentlich nicht erlaubt – es sei denn, Sie weisen Ihr Gegenüber darauf hin, dass Sie aus Zeitmangel (etwa wegen eines Umzugs oder einer Änderung der Telefonnummer) noch keine neuen Karten drucken lassen konnten.
Auf einer Geschäftskarte findet man neben dem Namen zusätzliche Informationen: Beruf und Position, Adresse, Telefon- und Faxnummer sowie die E-Mail-Adresse. Auch eventuelle akademische oder Adelstitel können Sie auf Ihre Visitenkarte drucken lassen – das ist praktisch, denn bei der Selbstvorstellung nennen Sie den eigenen Titel ja keinesfalls.
Bei privaten Visitenkarten fehlen Berufs- oder Titelangaben. Sie enthalten lediglich den „nackten“ Namen und die Anschrift mit Telefonnummer.

Die Einladung zu einem offiziellen Ereignis

Wer zu einer offiziellen Feier, einem Bankett oder einer anderen Veranstaltung (übrigens auch in einem kleineren oder privaten Kreis) eingeladen wird, bemüht sich besonders darum, bei diesem Ereignis keinen Fauxpas zu begehen. Etliche Hinweise auf die Art der Feier, vor allem auf die entsprechende Kleidung, aber auch auf die Speisen und die Getränke, können Sie schon der Einladung entnehmen. So können Sie sich innerlich wie äußerlich auf die Atmosphäre vorbereiten.

Woher weiß ich, welche Art Fest mich erwartet?

Normalerweise wird dies auf der Einladung vermerkt sein. Ist dies nicht der Fall, können Sie die Art des Festes in der Regel an der Uhrzeit ablesen, für die eine Einladung ausgesprochen wird. Darauf stimmen Sie Ihre Kleidung ab. Denken Sie daran, dass die Grundlage einer eleganten Erscheinung ein stimmiges Gesamtbild ist. Gepflegte Hände und ein perfekter Haarschnitt sind ein Muss.

WELCHE ANFANGSZEITEN STEHEN IN DER REGEL FÜR WELCHE FEIER?

- ☑ Frühstück zwischen 8.30 Uhr bis 9.30 Uhr.
- ☑ Frühschoppen sonn- oder feiertags, zwischen 10.00 Uhr und 11.00 Uhr.
- ☑ Brunch zwischen 11.00 Uhr und 12.00 Uhr.
- ☑ Vormittagsempfang 11.00 Uhr bis 13.00 Uhr.
- ☑ Mittagessen nicht vor 12.00 Uhr (Ende um 14.00 Uhr).
- ☑ Nachmittagsempfang zwischen 14.30 Uhr und 16.30 Uhr.
- ☑ Tafel mit Kaffee und Kuchen zwischen 16.00 Uhr und 17.30 Uhr.
- ☑ Fünf-Uhr-Tee 17 Uhr bis 18.00 Uhr.
- ☑ Formelles Abendessen zwischen 19.00 Uhr und 21.00 Uhr.

Einladungen zu einem Fest

Eine schriftliche Einladung vermittelt stets den Eindruck des Besonderen: zum einen weil sie im privaten Umfeld nicht mehr so üblich ist, zum anderen, weil Sie damit dokumentieren, wie wichtig es Ihnen ist, dass Ihr Gast zu Ihnen kommt. Wichtig bei der schriftlichen Einladung ist es, dass sie diese wenigstens 14 Tage vor dem Termin verschicken – und planen Sie dabei bitte etwaige Verspätungen durch die Post ein. Bei der Einladung für eine Hochzeit – und Sie wollen doch sicher, dass all Ihre Gäste mit Ihnen feiern – ist sogar ein noch größerer Zeitrahmen nötig. Hier informieren Sie Ihre Gäste am besten schon Monate vorab. Besonders wichtig bei langfristiger Planung ist es, einen konkreten Termin für die Rückantwort anzugeben.

Was ist beim offiziellen Einladungsschreiben zu beachten?

Beim Brief an gute Freunde werden Sie ganz automatisch den „richtigen“ Stil wählen. Beim offiziellen Einladungsschreiben sollten Sie jedoch ein paar Dinge beherzigen: Sie muss stets schriftlich erfolgen und die genaue Angabe von Termin und Ort sowie den Anlass enthalten.

ALLGEMEIN GILT DIE REGEL: JE MEHR GÄSTE SIE EINLADEN, UMSO EHER SOLLTEN SIE DIES SCHRIFTLICH TUN.

Wie aufwändig gestalte ich eine schriftliche Einladung?

Für ein einmaliges oder sehr seltenes Fest (also zum Beispiel eine Hochzeit, die Taufe eines Kindes, ein Jubiläumsgeburtstag) werden Sie die Einladung eher aufwändig gestalten. Für ein immer wiederkehrendes Fest (zum Beispiel „normale“ Geburtstage, Sommerfest) können Sie schlichter bleiben oder auch mutiger werden und eine besonders originelle Form wählen. Es kommt also immer auf den Anlass an: Für eine Geburtstagfeier im kleineren Kreis, und vor allem, wenn es kein „runder“ Geburtstag ist, genügt durchaus die telefonische Einladung. Statt zum Telefon zu greifen, können Sie auch das Fax benutzen oder – in Zeiten moderner Kommunikation und für alle Freunde des Internets – eine E-Mail schicken. Achten Sie aber auch beim Einladen per Telefon und Fax darauf, dass Sie dies rechtzeitig tun: mindestens eine Woche vor dem Fest. Fax und E-Mail bieten sich außerdem auch an, um kurz vor dem Fest noch einmal an dieses zu erinnern.

ANDERS ALS FRÜHER IST ES HEUTE ERLAUBT, EINEN PRIVATEN BRIEF MIT „ICH“ ANZUFANGEN.

EINLADUNG PER TELEFON, FAX ODER E-MAIL?

Telefonisch, per Fax oder E-Mail kann man einladen

☑ zum „normalen“ Essen (mittags oder abends).

☑ zu einer kleinen Feier wie Geburtstag (wenn’s kein „runder“ ist oder Sie dieses persönliche Fest niemals groß feiern).

☑ zu einem spontanen Fest (wie ein sommerlicher Grillabend oder ein Picknick).

☑ zu einem zwanglosen Abend (für den Kinobesuch oder zum Spielen).

☑ zu einem gemeinsamen Ausflug (etwa eine Radtour).

Genügt auch eine telefonische Einladung?

Sie können nicht erwarten, dass eine telefonische oder mündliche Einladung ebenso im Gedächtnis haften bleibt wie eine schriftliche. Haken Sie also kurz vor dem eigentlichen Termin nochmals nach. Im kleinen Kreis kann dies ganz leger einen Tag vorher geschehen – schließlich wollen Sie sich ja für den gemeinsamen Abend nicht viel Mühe machen und dann allein dastehen. Auch E-Mail oder Fax eignen sich dazu.

WELCHE FORMALEN KRITERIEN GIBT ES FÜR DIE SCHRIFTLICHE EINLADUNG?

☑ Geben Sie als Absender Ihren Namen, Ihre Adresse und Ihre Telefon- beziehungsweise Faxnummer an.

☑ In der Anschrift bei Briefen an Eheleute oder zusammenlebende Paare wird stets zuerst der Name des Mannes genannt.

☑ Wenn Sie beide Vornamen kennen, ist es nur höflich, diese auf dem Umschlag niederzuschreiben (also: Herrn Andreas und Frau Margret Müller).

☑ Die international gebräuchliche Form der Anschrift sieht nur den Vornamen des Mannes vor, auch dann, wenn Sie in der Adresse die Frau miterwähnen (also: „Herrn und Frau Andreas Müller"). In der Anrede auf dem Brief oder der Karte selbst ist es dann umgekehrt. „Werte Dame" ist als Anrede noch vereinzelt in Korrespondenzen zu finden. Weil es aber sehr angestaubt klingt, verwenden Sie diese Formulierung besser nicht.

☑ Früher gebräuchlich, heute jedoch überholt sind Formeln wie „Herrn Andreas Müller und (Frau) Gemahlin", „Herrn Andreas Müller und Frau (Gattin)", „Herrn Andreas Müller und Frau Margret".

☑ Akademische Titel und Ehrentitel finden nur beim Titelträger selbst Verwendung. Also zum Beispiel: „Herrn Doktor Andreas Müller und Frau Margret Müller".

☑ Wählen Sie im Brief die korrekte Anrede. Am einfachsten ist das „Sehr geehrte/r Frau/Herr". Konservativ klingt das „Sehr verehrte/r". Aber selbst ein Briefbeginn mit „Guten Tag" oder „Guten Morgen" und dem dann folgenden „Sehr geehrte/r" ist erlaubt und macht den Briefeinstieg auf jeden Fall lockerer.

☑ Eine sehr moderne, aber durchaus nicht ungewöhnliche Variante ist das „Liebe/r" in Verbindung mit dem Vor- und Familiennamen, dann aber bitte ohne den Zusatz von Frau beziehungsweise Herr. Das „Liebe/r" mit dem Vornamen verwenden Sie allerdings nur dann, wenn Sie den Adressaten wirklich gut kennen.

☑ Am Ende des Briefes steht ganz gewiss nicht mehr „Hochachtungsvoll", sondern eine Formulierung wie „Mit besten Grüßen", „Mit freundlichem Gruß", „Mit guten Wünschen" oder sogar „Bis dahin freundliche Grüße".

Wie reagiere ich richtig auf eine Einladung?

Das oberste Gebot: so schnell wie möglich. Und zwar in jedem Fall – also entweder mit einer Zusage oder mit einer Absage. Auf eine Einladung gar nichts von sich hören zu lassen ist unhöflich und zeigt, dass Sie Ihrem Gastgeber und seinen Bemühungen nicht gerade Respekt entgegenbringen. Zudem hindern Sie ihn daran, genau zu planen und entsprechende Vorbereitungen zu treffen.

Für Ihre Antwort ist der in der Einladung angegebene Termin die äußerste zeitliche Grenze, die der Gastgeber Ihnen vorgibt – kommen Sie besser einer Nachfrage zuvor und geben Sie bereits vor diesem Datum Rückmeldung!

Wie sage ich eine Einladung ab?

Als höflicher Mensch reagieren Sie sofort, wenn Sie wissen, dass Sie einen Termin nicht wahrnehmen können. Telefonisch sagen Sie nur ab, wenn Sie die Gastgeber sehr gut kennen beziehungsweise wenn auf der Einladung beim Vermerk „U.A.w.g." eine Telefonnummer steht. Sonst halten Sie sich an die Regel: Auf schriftliche Einladungen reagieren Sie auch schriftlich. Liegt der Einladung eine Rücksendekarte bei, senden Sie diese mit dem entsprechenden Absagevermerk einfach zurück.

ABKÜRZUNGEN AUF EINLADUNGSKARTEN

- ☑ „U.A.w.g" (= „Um Antwort wird gebeten") weist Sie darauf hin, dass man auf die Einladung eine Zu- oder Absage erwartet.
- ☑ Die Buchstaben „R.s.v.p." stehen für die französische Formulierung „Répondez s'il vous plaît" und bedeuten dasselbe.
- ☑ Ebenfalls aus dem Französischen stammt die Abkürzung „p.m." für „pour mémoire" – zur Erinnerung. Damit wird nochmals auf die Einladung hingewiesen, nachdem bereits eine „Voranfrage" gestellt worden ist.
- ☑ Die Abkürzungen „s.t." und „c.t." stehen für den Zeitpunkt des Beginns einer Veranstaltung: „s.t." bedeutet dabei „sine tempore" – also ohne Zeitverlust und damit pünktlich. „c.t". heißt „cum tempore" und weist darauf hin, dass man die „akademische Viertelstunde" später beginnen wird.

WIE KLEIDE ICH MICH ANGEMESSEN?

Bei der Einladung zu einer offiziellen Veranstaltung wird ein Kleidungsvermerk nicht fehlen. Dabei beachten Sie bitte:

☑ Bei formellen Feiern, die tagsüber stattfinden, weist der Vermerk „Geschäftsanzug“ oder „Businesskleidung“ auf den entsprechenden Rahmen hin.

☑ Für abends gelten immer noch die traditionellen Hinweise, und zwar nur für die Herren (die Dame muss von alleine wissen, was dies dann bedeutet):

☑ „Schwarzer/dunkler Anzug/Uniform“ oder Smoking: Er wird mit schwarzem Binder getragen, deshalb in Frankreich der Hinweis „cravate noir“, im Englischen „black tie“, in USA „tuxedo“.

☑ Der Frack wird mit weißer Fliege getragen, deshalb in Frankreich der Hinweis „cravate blanche“ beziehungsweise in Großbritannien und USA „white tie“. Zum Frack werden auch Orden angelegt.

☑ Die Formulierung „Abendgarderobe erwünscht“ oder „Festliche Kleidung erbeten“ lässt Ihnen mehr Spielraum. Sie können dann durchaus ein buntes oder modisch flippigeres Outfit wählen.

Wen darf ich mitbringen, wenn ich „in Begleitung“ eingeladen bin?

Diese Formulierung bedeutet, dass Sie nicht nur Ehe- oder Lebenspartner, sondern auch eine andere Person mitbringen dürfen – also auch erwachsene Kinder, Verwandte oder Freunde. Der Hinweis dagegen „… laden wir Sie mit Ihrer Frau (Ihrer Lebenspartnerin) …“ (beziehungsweise geschlechtsspezifisch neutral „… mit (Ehe-)Partner/-in“) macht Ihnen deutlich klar, was gemeint ist: Die Einladung gilt für zwei Personen und Sie bringen dann bitte auch wirklich nur Ihren Lebenspartner mit.

Was tun, wenn ich nicht pünktlich kommen kann?

Wenn Sie durch etwas Unvorhergesehenes daran gehindert werden, pünktlich zu erscheinen, gehört es sich, den Gastgeber so schnell wie möglich zu informieren – in diesem Fall auch per Telefon oder Fax.

Was tun, wenn ich plötzlich verhindert bin?

Auch hier reagieren Sie bitte schnellstens und sagen zum Mindesten telefonisch, besser per Fax, ab. Das gilt auch für größere Veranstaltungen und vor allem dann, wenn der Gastgeber ein Essen geplant hat.

ALS GAST BEGRÜSSEN SIE BEI EINER EINLADUNG STETS DIE GASTGEBERIN ZUERST, DANN DEN GASTGEBER, DANN DIE ANDEREN GÄSTE.

Gilt die Redensart „Je später der Abend, je schöner die Gäste"?

Sie liegen falsch, wenn Sie glauben, Sie müssten Ihre Wichtigkeit durch Zu-spät-Kommen demonstrieren. Damit beweisen Sie nur eines: dass Sie eben nicht wirklich wichtig sind, und dass Sie sich nicht benehmen können.

Wie rede ich Personen mit akademischen Titeln an?

Akademische Grade werden von wissenschaftlichen Hochschulen verliehen. Doktor, Professor oder auch der „Dr. h.c." („honoris causa" – ehrenhalber) zählen hierzu. Man spricht jemanden, der einen akademischen Grad innehat, mit dem Titel und nachfolgenden Namen an, also „Herr Doktor ...", „Frau Professor ...". Weibliche Sprachformen – „Frau Doktorin", „Frau Professorin" haben sich (noch) nicht durchgesetzt. Hat jemand mehrere akademische Titel,

ZEITLICHE RICHTLINIEN FÜR PÜNKTLICHKEIT, WENN AUF DER EINLADUNG NICHTS VERMERKT IST

☑ Werden Sie zu einem warmen Essen geladen, müssen Sie auf die Minute pünktlich erscheinen.

☑ Das gilt auch bei einem Fest, das mit einem speziellen Musikstück oder einer Rede eröffnet werden soll.

☑ Bei einer Abendeinladung ohne Essen sollte man ungefähr pünktlich, auf keinen Fall aber mehr als 15 Minuten früher oder später kommen.

☑ Bei einem außergewöhnlich großen Fest, bei dem der Gastgeber unmöglich auf jeden einzelnen Gast achten kann, sowie bei einem Cocktailempfang ist Pünktlichkeit nicht unbedingt erforderlich (falls nichts anderes auf der Einladung vermerkt ist!)

BITTE BEACHTEN!

Ein höflicher Gesprächspartner nennt so lange den Titel eines Gegenübers, bis dieser klar macht, dass dies nicht nötig ist. Eine Dame mit Doktortitel sprechen Sie als „Frau Doktor" oder als „Frau Doktor Müller" an, bis sie Ihnen mitteilt, darauf keinen Wert zu legen.

so wird er mit dem höheren angesprochen.

Wie gehe ich mit Adelstiteln um?

Offiziell gibt es in Deutschland keinen Adel mehr – seit 1919. Deshalb sind auch die Anreden entfallen, die den Angehörigen adeliger Familien zustanden. Das Adelsprädikat – also das allseits bekannt „von" – ist zu einem Bestandteil des Namens geworden.

☑ Sie sprechen einen Adeligen entweder mit seinem Namen an – also „Herr von ..." oder „Frau von ...".

☑ Oder aber mit seinem Titel, dann aber ohne den Zusatz „Herr" beziehungsweise „Frau". Das klingt dann so: „Graf Hardenberg" – niemals „Herr Graf Hardenberg", denn das „Herr" würde Sie in diesem Fall auf den Status eines Bediensteten setzen.

☑ Ebenso gilt dies für die weibliche Anrede – also „Baronin Gelnhausen", und nicht „Frau Baronin Gelnhausen".

☑ Eine Ausnahme ist übrigens der Titel des Freiherrn beziehungsweise der Freifrau: Er ist kein Bestandteil des Namens, wird also in der Begrüßung nicht angewandt.

Muss ich mich entschuldigen, wenn ich jemanden nicht korrekt angesprochen habe?

Titelträger stellen sich normalerweise nicht mit ihrem Titel vor. Deshalb muss es Ihnen nicht peinlich sein, wenn Sie eine Person nicht kennen und ganz normal mit „Herr" und „Frau" ansprechen. Sie können nicht jeden Menschen kennen und wissen, welchen Titel er trägt.

Die Tischordnung bei einem formellen Fest

> *Den internationalen Gepflogenheiten nach sitzt der ranghöchste Gast rechts von der Gastgeberin.*

Die Tischordnung ist – zumindest bei einem formellen Essen – Ausdruck einer gewissen Rangordnung. Grundsätzlich gilt: Je näher ein Gast dem Gastgeber sitzt, desto höher ist sein gesellschaftlicher Rang.
Niemand sollte sich jedoch beleidigt fühlen, wenn er anscheinend nicht auf dem rechten Platz sitzt. Platzierung hat nicht in jedem Fall und unbedingt mit der Wertschätzung einzelner Personen zu tun. Auch umgekehrt gilt: Wer zum Beispiel auf einer offiziellen Firmenfeier am Tisch des Chefs sitzen „darf“, ist deshalb nicht automatisch auf der Karriereleiter emporgestiegen ...

Wer ist Tischherr und wer ist Tischdame?

In einer größeren Gesellschaft hat jede Dame ihren Tischherrn – nämlich denjenigen, der links von ihr sitzt. Er ist „zuständig“ fürs

WER SITZT WO BEI OFFIZIELLEN FEIERN?

☑ Der ranghöchste Gast sitzt bei uns in Deutschland links von der Dame des Hauses, ist also ihr Tischherr. Die ranghöchste Dame erhält den Platz rechts neben dem Hausherrn.

☑ Rechts von der Dame des Hauses nimmt der zweithöchste Herr Platz, links neben dem Hausherrn die zweithöchste Dame.

☑ Von da an geht die Reihenfolge dem Rang und der Wertschätzung der Gäste gemäß weiter, wobei Ehefrauen stets den gleichen Rang innehaben wie ihre Ehepartner.

☑ Angehörige fremder Firmen oder Institutionen haben Vorrang vor den Angehörigen der eigenen Mitarbeitern.

☑ Eine Besonderheit in der Tischordnung bilden geladene Künstler. Viele Gastgeber räumen ihnen einen höheren Rang als nach der „klassischen“ Ordnung üblich ein und platzieren sie dementsprechend weit oben an der Tafel.

Weiterreichen von Speisen, für ausreichende Getränke und – natürlich auch fürs Tischgespräch. Wenn Ihre Tischdame aufsteht, sollten Sie auch in großer Gesellschaft wenigstens andeuten, dass Sie sich ihr zu Ehren erheben. Das heißt aber gewiss nicht, dass Sie hektisch aufspringen, wenn Ihre Tischdame sich die Nase pudern geht. Damit würden Sie unerwünschte Aufmerksamkeit auf sich und vor allem auf die Dame ziehen.

Wen darf ich bei Tisch ansprechen?

Früher war es üblich, dass man sich ausschließlich mit seiner Tischdame beziehungsweise seinem Tischherrn unterhielt. Heute darf man das Wort durchaus auch an den Tischnachbarn auf der anderen Seite richten.

Bei einer großen Tafel sollte man es aber vermeiden, „quer übern Tisch" zu sprechen oder aber sich „hinter dem Rücken" oder weit nach vorne gebeugt mit dem übernächsten Nachbarn zu unterhalten. Und natürlich mischt man sich nicht einfach in die Gespräche anderer Personen ein.

WER SITZT WO IM PRIVATEN KREIS?

Grundsätzlich gilt für nicht-offizielle Feste:

- ☑ Je näher ein Gast dem Gastgeber sitzt, desto höher ist sein Rang.
- ☑ Gäste haben stets einen höheren Rang als Verwandte.
- ☑ Alter geht vor Jugend.
- ☑ Kinder (auch bereits erwachsene) besetzen keinen „Rang" im strengen Sinne. So ungewöhnlich es klingt: Ihre „Aufgabe" ist es, eventuelle Lücken am Tisch zu schließen.
- ☑ Bei ausländischen Gästen wird der Gastgeber darauf achten, sie nicht zu isolieren. Vielleicht ist jemand unter den anderen Gästen, der die Sprache beherrscht und ihm deshalb als Tischherr oder -dame behilflich sein kann.
- ☑ Künstler – ganz gleich ob Maler oder Dichter, Bildhauer oder Schauspieler – sind auch hier ein Sonderfall. Sie haben keinen „Rang" – außer dem, den Sie ihnen als Gastgeber einräumen. Bei einer Feier, bei der dem Jubilar ein künstlerischer Vortrag geschenkt wird, ist der Künstler sicher eine Hauptperson.

BITTE BEACHTEN!

Gerade im privaten Kreis bleibt es nicht aus, dass manche Gäste „Konfliktpotenzial“ in sich bergen: Da ist die Tante, die sich mit fast allen in der Familie zerstritten hat; da ist der Cousin, der gerade geschieden wurde, dessen Ex-Frau jedoch als Patentante fungiert. Manchmal können Sie es als Gastgeber nicht vermeiden, solche „Feinde“ einzuladen.

☑ Seien Sie so ehrlich und zuvorkommend und „warnen“ Sie den beziehungsweise die anderen vor. Und bitten Sie die Kontrahenten darum, bei einem großen Fest wenigstens für ein paar Stunden Frieden zu halten.

☑ Bei Geschiedenen ist die ehrliche Mitteilung, dass der Ex-Partner kommen wird, ein absolutes Muss. Seien Sie aber nicht böse oder beleidigt, wenn Ihnen ein Gast absagt, weil er es kurze Zeit nach der Trennung noch nicht verträgt, den Ex zu treffen.

☑ Gäste, von denen Sie wissen, dass sie gerne diskutieren oder gar Streitgespräche miteinander führen, platzieren Sie am besten weit auseinander. Und neben einem besonders friedlichen Zeitgenossen.

Muss ich mich an Platzkarten oder Placement halten?

Ganz eindeutig: Ja. Denn der Gastgeber hat vermutlich lange überlegt, wen er wohin setzt.

Ein Austauschen der Plätze bei Tischordnung oder Placement ist eine grobe Unhöflichkeit!

Bei Feiern mit großer Teilnehmerzahl gibt es oft keine Platzkarten, sondern das so genannte Placement: eine Skizze des Tischs (beziehungsweise der Tische), auf der die Plätze mit den Namen der einzelnen Gäste eingezeichnet sind. Das Placement wird am Eingang gut sichtbar aufgestellt, sodass jeder Gast sich gleich orientieren kann, wo sein Stuhl ist.

Muss ich mich in das Gästebuch eintragen?

Es gibt keine Benimmregel, die erläutert, wie man mit der Forderung umgeht, „ein paar nette Worte ins Gästebuch zu schreiben“. Deshalb: Lassen Sie den gesunden Menschenverstand walten und fühlen Sie sich nicht unter Druck gesetzt, wenn Ihr Gastgeber Sie darum bittet. Nehmen Sie sich Zeit, blättern Sie ein wenig in dem Buch – vielleicht finden Sie eine Anregung, die Sie umsetzen können.

Bringe ich ein Gastgeschenk mit?

Es zeugt von Höflichkeit, dem Gastgeber ein kleines Geschenk mitzubringen. Damit zeigen Sie, dass Sie sich über die Einladung gefreut haben und im Gegenzug Ihrem Gastgeber ebenso eine Freude bereiten möchten. Das Gastgeschenk ist gleichzeitig das Dankeschön für die Einladung.
Die meisten Gäste lassen es sich nicht nehmen, einen Strauß Blumen mitzubringen – das ist zwar nicht falsch, aber ein wenig einfallslos. Wenn Sie mit dem Gastgeber befreundet sind und wissen, was er mag, können Sie durchaus etwas anderes mitbringen.

BITTE BEACHTEN!

Karte oder Brief mit Dankesworten verfassen Sie stets handschriftlich. Kennen Sie Ihren Gastgeber gut, kann man auch ein witziges Fax schicken. Originell ist – nach einem besonders schönen Fest – ein Foto von der Einladung, das Sie mit einem humorvollen Spruch versehen haben.

Wie übergibt man den Blumenstrauß an die Gastgeber?

Der Strauß wird stets während der Begrüßung an die Dame des Hauses überreicht. Sind die Gäste ein Paar, ist dies die Aufgabe des Herrn. Dabei halten Sie die Stiele der Blumen fest und streifen das Einwickelpapier vorsichtig nach oben ab. Sträuße in durchsichtiger Folie dagegen werden nicht ausgepackt.

ÜBERTREIBEN SIE ES BEIM WERT IHRES GASTGESCHENKES NICHT.

Wie bedanke ich mich nach der Feier beim Gastgeber?

Als höflicher Mensch haben Sie sich gleich nach Erhalt der Einladung bedankt, spätestens jedoch mit Ihrer Zusage. Trotzdem sind Sie deshalb nicht von einem Dankeschön nach der Feier entbunden. Ihren Dank können Sie mündlich oder schriftlich ausdrücken. Wenn Sie sich mündlich bedanken möchten, tun Sie dies am besten gleich beim Abschied. Auch der schriftliche Dank sollte zeitnah erfolgen, am besten am nächsten Tag

Öffentliche Veranstaltungen: Kino und Theater, Oper und Konzert sowie in der Kirche

Ob tagsüber oder abends: Wer sich zu einer kulturellen Veranstaltung begibt, stellt sich automatisch auf eine große Anzahl Menschen ein. Gerade hier gilt es, besondere Rücksichtnahme walten zu lassen.

Was tun, wenn ich zu spät komme?

Im Kino haben Sie Glück – man wird Sie im Normalfall in den Vorführraum lassen. Und oft hat der Hauptfilm noch gar nicht angefangen. Dennoch stört es den Filmgenuss erheblich, wenn ein Nachzügler sich lange nach Beginn der Vorstellung im Dunkeln einen freien Platz suchen muss.

Im Theater und in der Oper beziehungsweise im Konzert gilt allerdings die unumstößliche Regel: Zur Aufführung erscheint man absolut pünktlich, eher sogar ein wenig zu früh! In vielen Häusern ist es nämlich üblich, nach Beginn der Vorstellung niemanden mehr einzulassen – Sie haben die Chance dann erst wieder zum zweiten Akt oder nach der Pause. Und damit haben Sie bereits einen Großteil der Vorstellung und des künstlerischen Genusses verpasst.

Wie gehe ich als Nachzügler durch die Sitzreihen?

Das macht leider fast jeder falsch, obwohl einem der gesunde Menschenverstand die richtige Lösung eingeben sollte: Wenn Sie durch die Sitzreihe gehen, tun Sie dies mit dem Rücken zur Leinwand beziehungsweise zur Bühne. Es gibt wohl kaum etwas Unhöflicheres, als jedem den verlängerten Rücken zuzuwenden, der seinen Sitzplatz schon eingenommen hat!

Muss ich aufstehen, wenn ein Nachzügler seinen Platz in meiner Sitzreihe erreichen will?

Es ist in jedem Fall besser und höflicher, kurz aufzustehen, um den ohnehin schon sehr schmalen Durchgang zwischen den einzelnen Sitzreihen frei zu machen. Abgesehen davon ist es auch bequemer: Sie vermeiden, dass man Ihnen auf die Füße tritt und der Nachzügler kommt besser an Ihnen vorbei.

Und stehen Sie bitte mit einem freundlichen Lächeln auf und verkneifen Sie sich einen tadelnden oder unmutigen Kommentar. Dem Nachzügler ist sein Zu-spät-Kommen sicher eh' schon peinlich. Und wenn nicht: Dann zeigen Sie Größe indem Sie über sein unverfroren wirkendes Verhalten hinwegsehen und nicht näher darauf eingehen.

DER KLEINE KULTUR-KNIGGE

Für sämtliche kulturellen Veranstaltungen gelten folgende Regeln:

☑ Sie entschuldigen sich, wenn Sie für Unruhe sorgen.

☑ Sie nicken Ihren Sitznachbarn kurz zu und grüßen sie damit. Aber erst, wenn Sie Platz genommen haben.

☑ Sie rangeln sich nicht mit Ihrem Nachbarn um eine gemeinsame Armlehne, sondern arrangieren sich mit einem freundlichen Lächeln.

☑ In Theater und Oper kennen Sie als Besucher Ihren Sitzplatz in der Regel schon vor Beginn der Vorstellung. Wenn Sie also wissen, dass Sie einen der Mittelplätze belegen, gehen Sie bitte schon ein paar Minuten vor Beginn beziehungsweise dem letzten Aufruf an Ihren Platz. So verhindern Sie, dass alle anderen Zuschauer in der Reihe aufstehen müssen.

☑ Nach den Pausen gelten die gleichen Regeln wie zu Beginn des Stückes: rechtzeitig den Platz einnehmen, damit andere nicht unnötig behelligt werden.

Wohin mit Mantel und Jacke in der kalten Jahreszeit?

Im Theater und in der Oper ist die Sache klar: Dafür ist die – meist kostenpflichtige – Garderobe da. Bitte sparen Sie nicht am falschen Platz: In Konzert- und Theatersaal sowie im Zuschauerraum der Oper sind Mäntel und Jacken ganz gewiss fehl am Platz. In Kinos ist das anders: Solange niemand neben oder vor Ihnen sitzt, können Sie selbstverständlich dort Ihre Kleidungsstücke deponieren. Ist die Vorstellung aber gut besucht und der Sitzplatz wird besetzt, müssen Sie Mantel oder Jacke auf den Schoß nehmen. Ein Tipp: Versuchen Sie möglichst einen Parkplatz ganz in der Nähe des Kinos zu bekommen und lassen Sie besonders dicke Sachen im Auto.

Darf ich bei einer besonders guten Darbietung „Szenenapplaus" spenden?

Zwar wird im Theater und beim Konzert normalerweise erst nach dem einzelnen Akt beziehungsweise am Ende eines Musikstückes (das kann bei einer Sinfonie durchaus länger dauern) applaudiert. Ist jedoch ein herausragender Solist aufgetreten oder hat ein Monolog im Theaterstück für Furore gesorgt, kann Szenenapplaus angebracht sein. Als Mensch mit Manieren flippen Sie aber nicht alleine aus und benehmen sich nicht wie ein Teenager im Konzert eines angesagten Popstars. Sondern Sie schauen sich ein wenig um, wie groß die Begeisterung der anderen Zuschauer ist. Merken Sie, dass es auch andere „in den Fingern juckt", Extrabeifall zu spenden, genügt oft schon der kurze Blickkontakt ...

An welche Kleiderordnung sollte ich mich halten?

Es gibt heute für Theater, Oper und Operette keine strenge Kleiderordnung mehr. Dennoch ist der Besuch dieser kulturellen Einrichtungen etwas Besonderes, und dem sollten Sie mit entsprechend festlicher Kleidung auch Rechnung tragen.

Bei Opernpremieren schreibt die Etikette sogar vor, dass Herren im Smoking oder dunklen Anzug, Damen in einem festlichen Cocktail- oder im Abendkleid erscheinen. Etwas lockerer können Sie es im Theater angehen lassen, vor allem, wenn Sie zum Beispiel eine Vorstellung der Werkstattbühne oder ein Volkstheater besuchen.

Was mache ich bei Hustenreiz während der Veranstaltung?

Wenn Sie unter einer heftigen Erkältung mit Husten, Niesen und Schnupfen leiden, verzichten Sie besser auf den Besuch. Solche Körpergeräusche stören die anderen Besucher nämlich ganz erheblich.

Wenn der Hustenreiz überraschend kommt, kann man erst einmal nichts machen. Wenn Sie aber merken, dass sich ein länger dauernder Reizhusten anschließt, wenn Sie aus dem Hüsteln gar nicht mehr rauskommen und Sie den „Frosch im Hals“ nicht mehr diskret wegräuspern können, sollten Sie aus Rücksichtnahme auf die anderen Zuhörer oder Zuschauer den Saal besser verlassen. Zumal auch für Sie diese Situation sicher alles andere als angenehm ist.

Muss ich mein Mobiltelefon ausschalten?

Wenn Sie ins Kino, Theater oder gar in die Oper gehen, hat das Mobiltelefon aus zu sein. Schließlich wollen Sie sich dem Genuss der Vorführung hingeben! Auch Ihre Sitznachbarn werden alles andere als erfreut sein, wenn die künstlerische Darbietung durch Klingeltöne gestört wird.

Ist Essen und Trinken im Kino erlaubt?

Im Kino darf – ein Unterschied zum Theater! – vielfach geknabbert und getrunken werden. Popcorn gehört für viele Kinofans zum Filmbesuch einfach dazu, und natürlich dürfen Sie dies auch genießen. Aber: Ständiges Knistern und Rascheln mit Tüten sind für jeden Sitznachbar nervtötend. Genießen Sie Ihre Knabbereien aus diesem Grunde rücksichtsvoll, dezent und leise.

ZOLLEN SIE RICHTIG APPLAUS

Beim klassischen Konzert wartet man mit dem Applaus bis zum Ende des ganzen Musikstücks und klatscht zum Beispiel nicht zwischen den einzelnen Sätzen einer Sinfonie. Wer ein Musikstück nicht kennt, hält sich an diesen Hinweis: Bleibt der Dirigent mit dem Rücken zum Publikum stehen, ist das Stück noch nicht zu Ende. Am Ende der Vorführung dreht der Dirigent sich um und wendet sich dem Publikum zu – dann dürfen Sie Ihren Beifall spenden.

Wie verhalte ich mich bei der Messe in einer Kirche?

Seien Sie pünktlich, vielleicht sogar ein paar Minuten vor Beginn der Messe da! Zu-spät-Kommen ist nicht nur äußerst unhöflich, sondern außerdem eine Respektlosigkeit den anderen Gläubigen gegenüber. Und der Geistliche fühlt sich gestört, weil in seiner Gemeinde Unruhe entsteht, wenn sich ein Nachzügler seinen Platz suchen muss. Wenn Sie wirklich aus wichtigem Grund zu spät kommen, verhalten Sie sich besonders leise und unauffällig. Auch deshalb, weil in einer Kirche jedes Geräusch überlaut hallt.

Darf ich dem Altar den Rücken zuwenden?

Wenn Sie sich in einer Kirche Ihren Platz suchen, tun Sie dies anders als im Kino: Sie wenden dem Altar stets Ihr Gesicht und damit Ihre Vorderseite zu. Wenn Sie sich sonst in der Kirche bewegen, verhalten Sie sich entweder Ihrem Glauben gemäß oder aber so, dass man stets merkt, dass Sie den Glauben und Ritus anderer respektieren.

Gibt es bestimmte Kleidungsvorschriften für die Kirche?

Es gibt keine offiziellen Kleidervorschriften, aber durchaus Regeln, deren Einhaltung von Höflichkeit und Lebensart zeugt. Würdige und dem Anlass angemessene Kleidung ist empfehlenswert, als Dame sollten Sie weder in einem tief dekolletierten noch ärmellosen Kleid zur Messe kommen.

Bei einer Trauung bleibt es allein der Braut vorbehalten, in Weiß zu erscheinen. Grundsätzlich gilt außerdem, wenn Sie als Frau bei einer kirchlichen Trauung zu Gast sind: Die am schönsten gekleidete Frau an diesem Tag ist die Braut – und nur die Braut. Keine der anwesenden Damen sollte versuchen diese auszustechen. Im Zweifelsfall sollten Sie sich also besser für das dezentere Kleid entscheiden.

Bei vielen Hochzeiten ist aber auch der Einladungskarte zu entnehmen, welche Kleidung gewünscht ist. Ein legeres Outfit, die elegante Abendgarderobe oder die traditionelle Trachtenmode zum Beispiel.

Bei Tisch und im Restaurant

Wer nimmt wo beim Essen Platz? Welches Besteck ist für welchen Gang gedacht? Wie verspeist man Austern und wie verkostet man den Wein? Zahllose Fragen können auftauchen, wenn man zu Tisch ist oder im Restaurant.

Im Restaurant gönnt man sich gerne etwas Besonderes – und möchte der angenehmen Atmosphäre auch mit dem richtigen Benimm entsprechen. Und ebenfalls in den eigenen vier Wänden sollten Sie nicht darauf verzichten, ein wenig Esskultur zu praktizieren – Ihnen selbst zuliebe und erst recht Ihren Gästen zuliebe, wenn Sie diese zu einer großen oder kleinen Feier erwarten. Stilvoll wird Ihnen das Mahl besser munden.

Die Esseneinladung bei Ihnen Zuhause

Die „normale" Essenseinladung unter Freunden ist weit entfernt vom festlichen Rahmen eines Banketts. Und so kann es auch bei der Form dieser Einladung weniger formell zugehen. Eingeladen wird gerne telefonisch, es sei denn, das Essen findet aus einem bestimmten Anlass statt.
Zum runden Geburtstag allerdings laden Sie formvollendet besser schriftlich ein. Für ein lockeres Beisammensein mit Bekannten genügt die mündliche Information jedoch völlig. Schließlich steht Gemütlichkeit ganz oben auf der Liste und nicht Etikette.
Bedenken Sie schon im Vorfeld: Gute Hilfen für Sie als Gastgeber sind Beistelltische, auf denen man die vollen wie auch die leeren Servierplatten abstellen kann. So sind Sie nicht gezwungen, ständig zwischen Esstisch und Küche hin- und herzulaufen und haben genügend Zeit für Ihre Gäste.

Was sind Gästekarten und wofür benötige ich sie?

Die Gästekartei schützt vor Peinlichkeiten. Wenn Sie viele Freunde haben, die sich durch unterschiedliche Essgewohnheiten auszeichnen, legen Sie sich am besten eine Gästekartei an. Unter jeden Namen (praktischerweise gleich mit Adresse und Telefonnummer) notieren Sie die Besonderheiten der Person. Trotzdem kann es sein, dass sich einer oder mehrere Ihrer Gäste erst am Tisch als Vegetarier „entpuppt“. Was dann? Keine Panik! Sie können doch improvisieren! Aus dem Vorspeisensalat und den Beilagen des Hauptganges lässt sich schnell ein leckeres, fleischloses Hauptgericht zaubern …

Sind Sie als Vegetarier in eine Situation wie oben beschrieben gekommen? Oder steht etwas auf dem Tisch, das Sie partout nicht essen? Zeigen Sie Höflichkeit und machen Sie kein großes Aufhebens daraus. Nehmen Sie sich dann kommentarlos von den anderen Speisen.

Aufmerksamen Gastgebern bleibt dies nicht verborgen. Sie werden Sie danach fragen. Erklären Sie freundlich: „Entschuldigung, es tut mir leid, aber mit Hammelkeule habe ich mich noch nie anfreunden können. Aber bei den Klößen und den Bohnen greife ich gerne zu!“

Es kann auch unausgesprochene Sonderwünsche geben. Ein aufmerksamer Gastgeber merkt dies jedoch rasch und reagiert entsprechend.

BITTE BEACHTEN!

Gibt es Vegetarier unter Ihren Gästen? Die stünden dem Anblick eines Schweinebratens mit – gelinde gesagt – gemischten Gefühlen gegenüber. Scheuen Sie in diesem Fall nicht die Mehrarbeit und bieten Sie auch fleischlose Kost an. Diese Gäste werden Sie als aufmerksamen und zuvorkommenden Gastgeber in bester Erinnerung behalten. Auf ausländische Gäste mit besonderen Essgewohnheiten ist ebenso Rücksicht zu nehmen. Allergien gegen bestimmte Nahrungsmittel sollten Sie ebenfalls beachten.

Das offizielle Essen in den eigenen vier Wänden

Bei offiziellen Essen in den eigenen vier Wänden gibt es für Sie als Gastgeber einiges zu beachten. Servieren zum Beispiel erledigt niemals der Gastgeber oder die Dame des Hauses selbst! Bei einem offiziellen Essen mit zahlreichen Gästen wird man Servierhilfen einstellen. Sie werden auch – falls Sie eine Cateringfirma mit dem Zubereiten der Speisen beauftragen – gestellt. Die Anzahl des Hilfspersonals richtet sich nach der Anzahl Ihrer Gäste: Für jeweils sechs bis acht Personen rechnet man eine Serviererin beziehungsweise einen Servierer.

Niemals serviert der Gastgeber oder die Dame des Hauses selbst!

In welcher Reihenfolge werden die Speisen serviert?

Es gibt ganz bestimmte Regeln, die einerseits die Gäste einzuhalten haben und die andererseits für das Servicepersonal im Restaurant gelten. Nach der modernen Regelung wird zuerst dem Ehrengast (beziehungsweise der ranghöchsten Dame) serviert und dann der Reihe nach im Uhrzeigersinn.

Der Tradition zufolge obliegt es jedoch stets der Dame des Hauses, das Essen zu eröffnen und zu beenden. Der Gastgeber seinerseits hat die Pflicht, als Erster das Glas zu erheben. Singles müssen beide Aufgaben erfüllen.

Was versteht man unter einem „kleinen Gedeck“?

Dazu zählt man für gewöhnlich Suppe, Hauptgericht und Dessert. Und natürlich das zugehörige Besteck: also Löffel, Gabel und Messer sowie den Dessertlöffel.

Wie decke ich das Besteck auf dem Tisch richtig ein?

Zeitgemäß ist diese Anordnung des Bestecks: Die Gabel liegt links vom Teller, rechts das Messer und außen rechts der Löffel für die Suppe. Oberhalb des Tellers liegt quer der Dessertlöffel, etwas höher rechts steht ein Glas für das Tischgetränk. In vielen Durchschnittsrestaurants wird heute noch oft nach der alten Regel eingedeckt, die an sich aber überholt ist: Suppen- und Dessertlöffel finden quer oberhalb des Tellers ihren Platz, Messer und Gabel liegen zusammen rechts vom Teller.

LINKS ODER RECHTS – VON WELCHER SEITE IST'S RICHTIG?

☑ Werden keine Tellergerichte serviert (dabei bekommt jeder Gast die fertig angerichteten Speisen auf seinem Teller), dann legt das Servierpersonal die einzelnen Gerichte jedem Gast nach und nach auf den Teller.

☑ Speisen werden immer von links serviert, Getränke dagegen von rechts. Selbst wenn dies für Linkshänder bisweilen recht kompliziert sein mag.

☑ Das Vorlegebesteck wird dabei so gelegt, dass es dem Gast zugewandt ist. Wichtig dabei: Weder das Servicepersonal noch Sie als Gast dürfen den Rand der Servierplatte mit den Fingern berühren!

☑ Getränke werden von rechts eingeschenkt – das erste Mal vor dem Servieren des Essens. Sie halten dem Weinkellner das Glas bitte niemals entgegen – es bleibt auf dem Tisch stehen.

☑ Vorspeisen und Suppen werden dem Gast lediglich einmal serviert.

☑ Beim Hauptgang wird in einer bestimmten Reihenfolge serviert: zunächst kommen Fleisch und Soßen, danach Gemüse, Beilagen und Salat. Der gesamte Hauptgang wird normalerweise zweimal gereicht, das heißt, Sie dürfen nachfassen.

☑ Essen Sie übrigens nur mit der rechten Hand – etwa bei einer kleinen Vorspeise, die nur mit einer Gabel serviert wird –, so liegt Ihr linkes Handgelenk locker auf dem Tisch, und zwar links neben dem Teller. Bitte nur das Handgelenk ablegen, nicht den ganzen Unterarm. In den USA und in Großbritannien ist es übrigens anders: Hier kommt die linke Hand in den Schoß.

☑ Die Serviette liegt während des Essens stets auf Ihrem Schoß, vorher und danach bitte auf der linken Seite Ihres Tellers. Das gilt auch dann, wenn Sie zum Beispiel aufstehen, weil Sie einen Trinkspruch ausbringen wollen oder eine Tischrede halten.

☑ Benutzte Teller werden stets von rechts abgeräumt.

☑ Sind alle Gäste mit dem Essen des Hauptgangs fertig, entfernt das Servicepersonal von rechts die leeren Gläser, die Menage (das sind Salz und Pfeffer) sowie überzählige Besteckteile.

☑ Erst dann wird das Dessert gereicht, danach Kaffee und Digestif.

Wie decke ich den Löffel für Suppentassen ein?

Wird die Suppe nicht im tiefen Teller, sondern in einer Tasse serviert, legt man den Suppenlöffel auf die Untertasse und serviert beides dann zusammen.

Wie liegt die Schneide des Messers, wie die Gabel?

Die Schneide des Messers legt man immer nach innen, also zum Teller hin. Die Gabel liegt normalerweise so, dass die Zinken nach oben stehen. Wenn Sie Ihre Tafel allerdings mit kostbarem Silberbesteck decken, auf dem ein Wappen oder Monogramm eingraviert ist, dürfen Sie dies zeigen: indem Sie die Gabeln mit den Zinken nach unten eindecken.

Wie ist die Reihenfolge beim Gebrauch der Gläser?

Hier gibt es eine einfache Regel: Bei den Gläsern „arbeiten" Sie sich von rechts nach links vor. Und als Gastgeber decken Sie entsprechend ein. Für das richtige Zuordnen der beiden Weinglasarten können Sie sich ganz einfach Folgendes merken: Das größere ist für den Rotwein gedacht, das kleinere für den Weißwein. Als Wasserglas benutzen Sie das Glas, das Sie nicht für den Wein gebraucht haben.

Von Besteck und Serviette

„Welches Besteck wofür?" ist eine Frage, „Wie ich gehe ich damit korrekt um?" die andere. Und leider stellen sich die zweite Frage viel zu wenig Menschen, ein nicht unerheblicher Teil der Bevölkerung benutzt Messer, Gabel und Löffel nicht der Etikette nach. Auch die Haltung lässt bei manchen Menschen zu wünschen übrig.

Wie benutze ich das Messer?

Das Messer wird normalerweise in der rechten Hand gehalten. Es gibt nur eine einzig richtige Form, wie Sie Ihr Messer benutzen: Sie greifen von oben zu, der Zeigefinger liegt oben auf dem Griff und kann so beim Schneiden nach unten Druck ausüben. Daumen und Mittelfinger dienen dazu, das Messer in der richtigen Balance zu halten. Auch wenn Sie nicht schneiden, sondern mit dem Messer schieben, ist dies der einzig richtige Griff. Das Messer wird niemals zum Mund geführt – es dient ausschließlich zum Schneiden und Zerkleinern der Speisen. Das Fischmesser wird genauso gehalten wie das „normale" Messer: Es dient allerdings nicht zum Zerschneiden, sondern eher zum Zerteilen des Fisches.

DAS GEDECK FÜR EIN MEHRGÄNGIGES MENÜ

Normalerweise wird das Besteck bei einem Menü mit mehr als sechs Gängen nicht komplett eingedeckt. Sondern die Besteckteile zu den einzelnen Speisen werden nachgereicht. Die gastronomische Grundregel lautet: Rechts sollen nicht mehr als vier, links nicht mehr als drei Besteckteile liegen. Dabei gilt:

☑ Das am weitesten außen liegende Besteck besteht aus den benötigten Teilen für die Vorspeise.

☑ Wenn man die Vorspeise nicht mit zwei Besteckteilen isst, liegt das erforderliche Besteck rechts, im anderen Fall natürlich rechts und links.

☑ An der rechten Seite des Tellers folgt der Suppenlöffel, dann kommt das Fischmesser und direkt am Teller das Messer für das Fleisch.

☑ An der linken Seite des Tellers ergibt sich demnach Folgendes: zuerst ein Teil des Vorspeisenbestecks, dann eine Fischgabel und direkt am Teller folgt schließlich die Fleischgabel.

☑ Quer oberhalb des Tellers liegen die Besteckteile für das Dessert. Dabei zeigt der Griff einer Gabel nach links, der des Löffels nach rechts.

☑ Links neben dem Platz steht der Brotteller, auf dem ein kleines Messer liegt. Es ist nur fürs Aufstreichen der Butter gedacht, und nicht etwa dafür, das Brötchen aufzuschneiden.

☑ Neben der klassischen Art kennt man einige Abweichungen, die im Lauf der Zeit entstanden beziehungsweise auch aufgrund bestimmter Speisen notwendig geworden sind: Reicht man frische Früchte zum Nachtisch, wird statt eines Löffels ein Dessertmesser über den Teller gelegt.

☑ Im Restaurant können Sie sich übrigens an die einfache Regel halten: Das Besteck wird von außen nach innen benutzt. Stets werden die einzelnen Besteckteile in dieser für den Gast sehr praktischen Reihenfolge bereitgelegt.

Wie benutze ich das Buttermesser?

Das kleine Buttermesser auf dem Brotteller wird nicht zum Zerteilen der Speisen benutzt und auch nicht zum Aufschneiden eines Brötchens: Es dient nur dazu, die Butter oder das Schmalz aufs Brot zu streichen.

Wie gebrauche ich die Gabel?

Die Gabel wird immer so zum Munde geführt, dass sie eine waagerechte Linie nicht verlässt; am besten ist sie sogar noch ein wenig nach unten geneigt. Hierfür gibt es eine einfache Erklärung: Wer etwa Erbsen isst oder Sauce „gabelt“, wird schnell merken, dass bei korrekter Gabelhaltung nichts herunterkullern und -tropfen kann.

DIE GABEL WIRD MIT DAUMEN UND MITTELFINGER GEHALTEN.

Die Gabel wird ähnlich wie das Messer gehalten: Wenn Sie etwas festhalten oder aufspießen, so liegt der Zeigefinger mit leichtem Druck auf dem Griff, Daumen und Mittelfinger dienen zur Balance. Dient die Gabel dagegen als „Schaufel“ (zum Beispiel für Reis oder Kartoffeln, für Erbsen oder anderes Gemüse), so dreht man sie um: Der Stiel ruht dann in der Beuge zwischen Daumen und Zeigefinger.

BITTE BEACHTEN!

Man häuft die Gabel niemals so voll, dass etwas herunterfällt oder Sie die „Ladung“ nur mit weit aufgerissenem Mund bewältigen können.

Wie verwende ich den Löffel?

Der Löffelstiel liegt in der Beuge zwischen Daumen und Zeigefinger. Natürlich wird der Löffel nicht bis zum Rande vollgeschöpft: Zu groß wäre die Gefahr, dass Suppe überschwappt, wieder auf den Teller kleckert und dabei Spritzer verursacht. Eine Unsitte ist es, Suppe durch Pusten zur mundgerechten Temperatur zu bringen.
Üblich ist es bei uns, den Löffel mit der Spitze in den Mund zu schieben. In angelsächsischen Ländern ist das anders, dort ist es die Norm, dass man den Löffel mit der Breitseite zu den Lippen führt.

Was ist ein Gourmetlöffel?

Er ist in Feinschmeckerlokalen immer öfter zu finden. Der Gourmetlöffel ist besonders flach und dient zum Aufnehmen der Soße. Manchmal zerteilt man mit dem Gourmetlöffel auch Fisch.

WIE HALTE ICH DEN GRIFF DES BESTECKS?

Vom Besteckgriff werden immer nur die oberen zwei Drittel in der Hand gehalten.

☑ Absolut verboten: Die Gabel in der geballten Faust zu halten und die Speisen regelrecht aufzuspießen!

☑ Ebenfalls falsch ist die leider am meisten verbreitete Art, das Messer zu halten: nämlich wie einen Bleistift in der Beuge zwischen Daumen und Zeigefinger.

☑ Noch ein Hinweis: Besteck, das Sie einmal zum Essen in die Hand genommen haben, sollte nicht mehr mit dem Tisch in Berührung kommen. Will heißen: Auch die Griffenden werden bei einer Unterbrechung des Mahls nicht mehr auf die Tischplatte abgelegt.

Kann ich als Linkshänder die Besteckteile „umtauschen“?

Linkshänder werden heutzutage nicht mehr umerzogen. Deshalb dürfen Sie das Besteck in der Hand halten, in der Sie es am besten handhaben können. Wechseln Sie bitte nur das jeweils benötigte Besteckteil in die Ihnen angenehmere Hand. Dasselbe machen Sie auch mit Spezialbestecken, zum Beispiel für Schnecken. Auch Fingergerichte dürfen Sie ruhigen Gewissens „mit links“ essen.

Wie gehe ich mit der Serviette um?

Im Restaurant legen Sie die entfaltete Serviette auf den Schoß, wenn man Ihnen die Speisekarte reicht. Im privaten Kreis warten Sie damit, bis der Gastgeber seine Serviette entfaltet. Nach der Mahlzeit wird die Serviette entgegen ihrem Originalkniff gefaltet und links neben den Teller gelegt. Damit zeigen Sie an, dass Sie nun mit dem Essen fertig sind.

Die Serviette ist für die „kleine Reinigung“ der Lippen während des Essens gedacht, um Speise- und Fettränder am Glas zu vermeiden.

Wird die Papierserviette nach dem Essen immer noch zerknüllt auf den Teller gelegt?

Heute tut man das nicht mehr, und zwar aus zwei Gründen: Zum einen sieht es unappetitlich aus, zum anderen arbeitet man dem Küchenpersonal entgegen, denn Müll muss heute getrennt werden. Man legt sie neben den Teller wie die Stoffserviette, allerdings so gefaltet, dass man sieht: Sie wurde benutzt. Das heißt aber nun nicht, dass etwaig vorhandene Flecken sichtbar sind.

Wann und wie lege ich das Besteck aus der Hand?

Immer dann, wenn Sie zum Glas greifen. Am besten so: Legen Sie das Besteck gekreuzt auf dem Teller ab, und zwar liegen die Gabelzinken über der Messerschneide. So ragt es in die Speisen, kann aber auch nicht unversehens abrutschen. Falsch ist es, das Besteck so abzulegen, dass die Griffe auf der Tischdecke aufliegen und die Schneide beziehungsweise die Zinken rechts und links auf dem Tellerrand gestützt werden. Allzu leicht können Gabel oder Messer abrutschen und hässliche Flecken auf dem Tischtuch hinterlassen! Außerdem fühlt sich Ihr Tischnachbar möglicherweise durch die weit herausragenden Besteckteile in seiner Bewegungsfreiheit beeinträchtigt.

Benutztes Besteck wird auf den Teller, niemals neben den Teller abgelegt!

Beim Essen gilt ganz besonders: Respektieren Sie den Handlungsspielraum anderer und treten Sie ihnen nicht zu nahe. Auch Sie möchten beim Essen schließlich nicht den Ellbogen Ihres Nachbarn über dem Salatteller haben. Am Ende des Mahles wird das Besteck dann auf dem Teller abgelegt – niemals daneben!

Gibt es eine Zeichensprache mit der Serviette?

Mit dem Entfalten seiner Serviette gibt der Gastgeber das Zeichen zum Beginn des Essens. Ist die Hausherrin anwesend, ist dies ihre Aufgabe. Erst danach greifen auch Sie zu Ihrem Mundtuch und entfalten es. Legen Sie die Serviette auf den Schoß, einmal gefaltet und zwar so, dass Sie Ihren Mund problemlos auf der Innenseite abtupfen können.
Der Gastgeber ist auch derjenige (beim Essen im privaten Kreis ist es die Dame des Hauses), der die Tafel aufhebt und das Essen „offiziell“ beendet –und zwar, indem er seine Serviette neben dem Teller ablegt. Erst dann tun dies auch die übrigen Gäste.

BITTE BEACHTEN!

Die Serviette gehört auf den Schoß und nicht um den Hals! Einzige Ausnahme: Das Krebsessen, in diesem ganz speziellen Fall ist es erlaubt, die Serviette um den Hals zu binden.

WIE IST DIE RICHTIGE KÖRPERHALTUNG BEIM ESSEN?

Bequem, aber dennoch manierlich anzusehen ist es so:

☑ Man sitzt so gerade wie möglich, nutzt die gesamte Sitzfläche aus und ist etwa eine Handbreit vom Tisch entfernt.

☑ Die Arme sollten sich beim Essen möglichst eng am Körper befinden.

☑ Gabel und Löffel werden zum Mund geführt und auf keinen Fall umgekehrt.

☑ Wenn man nur mit der rechten Hand isst, liegt das linke Handgelenk (und nicht der ganze Unterarm) locker auf dem Tisch, und zwar links neben dem Teller.

☑ Die Ellenbogen haben während des Essens nichts auf dem Tisch zu suchen.

☑ Ihre Beine stehen nebeneinander und werden nicht übereinander geschlagen und auch nicht nach hinten geschoben.

☑ Die Füße kreuzt man nicht – und man schlingt sie auch nicht, wie man es leider oft sieht, um die Stuhlbeine.

Gibt es wirklich eine Besteck-sprache?

Ja. Und gut ausgebildete Restaurantfachkräfte wissen sie zu deuten. Die Lage des Bestecks nach dem Essen ist dafür ausschlaggebend. Wenn Sie das Besteck gekreuzt auf den Teller legen, signalisieren Sie, dass Sie noch nicht fertig sind oder dass Ihnen noch einmal nachserviert werden soll.

Haben Sie das Mahl jedoch beendet und kann abserviert werden, legen Sie Messer und Gabel parallel nebeneinander (die Schneide des Messers zur Gabel). Ein eventuell vorhandener Gourmetlöffel (für die Soße) wird oberhalb des Messers abgelegt. Alle Besteckteile liegen in der Position rechts unten (fünf vor halb sieben) auf dem Teller.

Übrigens müssen Sie nicht alle eingedeckten Besteckteile verwenden. Wenn Sie Pastete oder Salate ohne Messer essen können, tun Sie dies. Das für diesen Gang vorgesehen, aber nicht benutzte Besteck wird genau wie die benutzen zum Abräumen auf den Teller gelegt

Getränke und Gläser

Zum perfekten Menü gehören die passenden Getränke in der richtigen Reihenfolge. Doch unweigerlich ist man dann mit einer Vielzahl von Gläsern konfrontiert.

Welches Glas ist das richtige?

Auf einem korrekt gedeckten Tisch stehen die Gläser für alle Getränke schon bereit, und zwar über dem Besteck der rechten Hand in einer Reihe hintereinander – in der Reihenfolge ihrer Benutzung. Die Reihe kann dabei durchaus auch leicht schräg verlaufen.

Das Glas am rechten Rand ist das Erste, das Sie benutzen werden.

Darf ich die Getränke bei einem Menü „umbestellen“?

Wenn Sie zu einem Empfang eingeladen sind, werden Sie auch nicht „umbestellen“, sondern sich an die Menü- und Getränkefolge halten. Bei einem großen Menü wird man zu beinahe jedem Gang ein anderes Getränk servieren. Das hat seinen Grund: Speisen wie Getränke entfalten erst in der Kombination ihren ganz besonderen Geschmack. Ein Weinkenner weiß das und wird sich danach richten.

WELCHES GETRÄNK WOZU?

Üblicherweise werden zu bestimmten Gerichten die passenden Getränke angeboten.
Das heißt

- ☑ vor der Mahlzeit: meist ein Aperitif.
- ☑ zu Vorspeise und Suppe: keine Getränke.
- ☑ zu Fisch: leichter Weißwein.
- ☑ zu hellem Fleisch: etwas schwerer und süffiger Weißwein.
- ☑ zu dunklem Fleisch (vor allem alle Arten von Wild): Rotwein mit Zimmertemperatur, das heißt um 18 Grad.
- ☑ zu deftigeren Speisen wie Schweins- oder Kalbshaxe: Bier, danach wegen der besseren Bekömmlichkeit ein Gläschen Schnaps oder Magenbitter.
- ☑ zum Dessert: eine kleine Tasse Kaffee oder Mokka, auch Likör oder Cognac.

Wie verhalte ich mich, wenn ich wenig oder keinen Alkohol trinke?

Sagen Sie dem Weinkellner leise Bescheid, dass Sie keinen Alkohol möchten. Oder trinken Sie das gefüllte Glas einfach nicht aus – je nachdem, was weniger Aufsehen erregt. Falsch ist es, die Hand über das Glas zu halten, wenn der Weinkellner nachgießen will.

BITTE BEACHTEN

Ein kleiner Trick hilft Ihnen weiter, um als Dame Lippenstiftränder am Glas zu vermeiden: Befeuchten Sie den Rand des Glases unauffällig mit der Zunge. Dann wird der Lippenstift nicht so schnell am Glasrand haften bleiben.

Wer prostet wem zu?

Stets prostet der Herr der Dame beziehungsweise der Ältere dem Jüngeren zu. Man hält vor dem Zutrinken in der Runde Blickkontakt und nickt sich nachher leicht zu.

Wie fasse ich das Glas richtig an?

Gläser mit Stiel fasst man auch immer am Stiel an. Dann bleibt die Temperatur des Weines im Glas am längsten unverändert. Außerdem verhindern Sie, dass Ihr Glas mit unappetitlichen Fingerabdrücken „verziert" wird. Zudem klingen Gläser beim Anstoßen nur, wenn man sie am Stiel anfasst.

WIE VERKOSTE ICH DEN WEIN?

Der Weinkellner – auch Sommelier genannt – wird aufgrund seiner Menschenkenntnis schnell herausfinden, wer am Tisch für den Wein „zuständig" ist. Diesem Gast zeigt er dann den Wein und auch das Etikett.

☑ Entspricht es Ihrer Bestellung, öffnet der Kellner den Wein und schenkt Ihnen ein kleines Schlückchen zum Kosten ein.

☑ Ist der Wein zu Ihrer Zufriedenheit, nicken Sie dem Weinkellner freundlich zu.

☑ Dann wird zuerst der Dame eingeschenkt und dann dem Herrn.

☑ Überholt ist die Auffassung, dass stets der Herr den Wein bestellt und verkostet. Die Frage des Kellners „Wem darf ich einschenken?" ist absolut üblich und in der heutigen Zeit durchaus kein Fauxpas.

☑ Sollte sich die Dame auskennen, wird sie sich nicht scheuen, den Wein zu verkosten. Dann wird nach dem Probeschluck selbstverständlich zunächst das Glas des Herrn gefüllt, danach erst das Glas der Dame.

Als Gastgeber im Restaurant

Am Benehmen in einem Restaurant – also in der Öffentlichkeit – erkennt man, ob jemand eine „gute Kinderstube“ hat. So mancher Bewerber ist bei seinem Vorgesetzten schon „durchgefallen“, weil er sich bei Tisch nicht richtig benehmen konnte. Was Sie daheim „dürfen“, ist im öffentlichen Raum eines Restaurants auf keinen Fall gestattet. Und als Gastgeber haben Sie noch einmal eine ganz besondere Pflicht: sich um das Wohl desjenigen oder derjenigen zu kümmern, den beziehungsweise die Sie eingeladen haben.

Wie wähle ich als Gastgeber das richtige Lokal?

Schon die Auswahl des Lokals ist von Bedeutung. Wenn Sie sich zum ersten Mal mit jemandem verabreden, sollten Sie nach dessen kulinarischen Wünschen fragen, sich aber nicht unbedingt auf Experimente einlassen. Sie gehen in ein Lokal, von dessen gutem Ruf Sie sich entweder selbst schon einmal überzeugen konnten oder das Ihnen von einem guten Freund oder einem vertrauenswürdigen Bekannten empfohlen wurde.

Muss ich den Tisch im Restaurant vorbestellen?

Als vorausblickender Gastgeber sollten Sie das tun. Wenn Sie das Lokal kennen, wissen Sie um die räumlichen Gegebenheiten und reservieren vielleicht einen ganz bestimmten Tisch. Viele gute Speiselokale sind zudem ausgebucht – und Sie wollen es Ihren Gästen doch sicher nicht zumuten, lange warten zu müssen oder vielleicht sogar überhaupt keinen Tisch mehr zu bekommen.

DER HERR BETRITT VOR DER DAME DAS LOKAL

Früher war es üblich, dass stets zuerst der Herr ein Lokal betrat, sich umsah, dann der Dame die Tür aufhielt und sie hinter sich zum Tisch führte. Als gleichberechtigte Frau muss man sich dieser althergebrachten Beschützerrolle des Mannes nicht unbedingt unterwerfen. Als junge Dame jedoch sollten Sie einem älteren Begleiter die Freude machen, ihn vorangehen zu lassen.

Wer öffnet die Tür und wer tritt zuerst ein?

Vor allem, wenn Ihnen das Restaurant fremd ist, treten Sie als Gastgeber zuerst ein – noch vor Ihren Gästen! Lassen Sie sich den reservierten Tisch vom Oberkellner zeigen. Ist er zu Ihrer Zufriedenheit, begleiten Sie Ihre Gäste an den Tisch.

Muss ich jeden Tisch akzeptieren?

Selbstverständlich müssen Sie einen Tisch nicht nehmen, wenn er in der Nähe des Kücheneingangs oder vor den Toiletten steht. Oder wenn es deutlich sichtbar der „Katzentisch" ist, an dem niemand sitzen will. Verlangen Sie dann in höflichen Worten einen anderen Platz.

Kann ich als Gastgeber die Menüauswahl vorgeben?

Selbstverständlich können Sie Ihre Gäste zu einem Menü einladen. Aber auch wenn Sie à la carte bestellen lassen, haben Sie die Möglichkeit, Ihren Gästen Empfehlungen auszusprechen – etwa, weil Sie das Restaurant gut kennen und um seine Spezialitäten wissen. Sie geben damit Ihren Gästen auch einen diskreten Hinweis, in welcher Preisklasse Sie sich bei Ihrer Einladung bewegen wollen.

DER RECHTE PLATZ FÜR DEN GASTGEBER

Wenn Sie Gastgeber sind, obliegt es Ihnen, Ihre Gäste zu begrüßen. Deshalb sollten Sie für sich selbst einen Platz wählen, von dem aus Sie problemlos aufstehen können, um später kommende Gäste in Empfang zu nehmen.

Wer bestellt den Wein?

Als Gastgeber sind Sie dafür zuständig. Sie sollten aber keine Scheu haben, das Verkosten des Weins dann einem Gast zu überlassen, wenn Sie wissen, dass er es sich als Ehre anrechnet, Sie beraten zu dürfen.

Wer bestellt, muss auch bezahlen?

Viele Kellner fragen auch ganz offen – und dies ist kein Fauxpas: „Wem darf ich die Rechnung bringen?" Selbst die Frage, ob man getrennt oder zusammen bezahlt, ist heute in vielen Häusern üblich.

HEUTE KANN SELBSTVERSTÄNDLICH AUCH DIE FRAU IM RESTAURANT BEZAHLEN.

Im Fall des Zahlens haben sich die Zeiten deutlich gewandelt: Früher wäre es undenkbar gewesen, dass eine Dame zahlt.

Wie bezahle ich als Gastgeber?

Wenn Sie am Tisch bezahlen, tun Sie dies diskret und ohne die Scheine einzeln auf den Tisch zu zählen. Sie sollten ungefähr überschlagen können, was jeder bestellt hat – und müssen die Rechnung deshalb nicht akribisch Posten für Posten durchgehen.

Servicekräfte im Restaurant erhalten als Trinkgeld 5 bis 10 Prozent vom Rechnungsbetrag.

Wenn Sie der Frage nach der Rechnung zuvorkommen wollen, sagen Sie dem Oberkellner schon vorher Bescheid. Dann vermeiden Sie die Situation, die Rechnung an den Tisch gebracht zu bekommen. Entschuldigen Sie sich dafür kurz bei Ihren Gästen und begleichen Sie die Summe direkt beim Kellner. Dies ist auch die eleganteste Lösung, um eine Rechnung als Gastgeber im Restaurant zu begleichen.

Als Gast im Restaurant

Als Gast haben Sie die Pflicht zur Pünktlichkeit. Selbst wenn Sie wissen, dass man sich erst auf einen Aperitif trifft: Er gehört zu einem gelungenen Mahl – und Sie sollten Ihren Gastgeber nicht beleidigen, indem Sie auf diesen Appetitanreger verzichten.

Wer geht im Restaurant voran?

In guten Restaurants werden die Gäste vom Oberkellner empfangen. Normalerweise folgt die Dame ihm direkt zum Tisch, der Herr geht hinter ihr.

Rückt der Herr der Dame den Stuhl zurecht?

Normalerweise übernimmt dies der Kellner – wenn nicht, sollte es Ihnen eine Selbstverständlichkeit sein. Als Dame nehmen Sie dies dankend an. Selbstverständlich „schubsen" Sie als Herr den Stuhl nicht in die Kniekehle Ihres weiblichen Gastes, sondern schieben ihn der Dame sanft zurecht.

Wie gehe ich als Mann an der Garderobe vor?

Für die Garderobe war früher stets der Herr zuständig. Heute können Sie dies – wenn es in diesem Restaurant so üblich ist – durchaus dem Kellner überlassen. Er hilft der Dame beim Betreten des Lokals aus dem beziehungsweise später in den Mantel. In allen anderen Fällen ist der Herr für die Garderobe seiner Dame und natürlich die eigene zuständig.

Wann steht der Herr bei Tisch auf?

Immer dann, wenn sich eine Dame bei Tisch erhebt oder eine weitere hinzukommt. In einer größeren Runde deuten Sie das Aufstehen zumindest an. Die Ausnahme: Wenn Sie bereits essen, genügen ein freundliches Nicken mit dem Kopf und ein paar passende Worte zur Begrüßung.

TISCHHERR UND TISCHDAME

In einer größeren Gesellschaft hat jede Dame ihren Tischherrn – nämlich denjenigen, der links von ihr sitzt. Er ist „zuständig" fürs Weiterreichen von Speisen, für ausreichende Getränke und – natürlich auch fürs Tischgespräch. Wenn Ihre Tischdame aufsteht, sollten Sie auch in großer Gesellschaft wenigstens andeuten, dass Sie sich ihr zu Ehren erheben.

Wie beschwere ich mich, wenn's nicht geschmeckt hat?

Bringen Sie Ihre Beschwerde in ruhigem, angemessenem Ton vor. Es kann vorteilhaft sein, der Beschwerde eine Frage anzufügen, zum Beispiel „Kann es sein, dass die Küche sich geirrt hat?" Hüten Sie sich aber davor, erst alles aufzuessen oder auszutrinken und dann erst zu reklamieren. Damit werden Sie wenig Erfolg haben. Haben Sie keine „große" Beschwerde, sondern ist einfach etwas nicht nach Ihrem persönlichen Geschmack, sagen Sie dies in freundlichen Worten, wenn der Kellner abräumt.

WIE WÄHLE ICH AUS DER SPEISEKARTE?

Wenn es keine bereits vorbestellte Speisenfolge gibt, wird Ihnen der Kellner die Menükarte reichen. Als Gast sollten Sie sich ein wenig danach richten, was der Gastgeber bestellt:

☑ Suchen Sie sich nicht das Teuerste aus, weil Sie endlich einmal die Gelegenheit nutzen wollen, Hummer, Kaviar oder ein anderes seltenes Gericht zu probieren.

☑ Vielleicht spricht Ihr Gastgeber – weil er das Restaurant kennt – eine Empfehlung aus. Das erleichtert Ihnen nicht nur die Auswahl, sondern gibt Ihnen einen diskreten Hinweis, wie viel der Einladende in etwa auszugeben gedenkt.

Was man wie richtig isst

Manche Speisen sind nicht ganz einfach zu essen. Wenn Sie bei einem Gericht gar nicht Bescheid wissen, schauen Sie sich unauffällig am Tisch um, wie die anderen Gäste es machen. Es ist übrigens keine Schande, den Kellner um Rat zu fragen oder zu bitten, etwa einen Fisch zu filetieren. Hier einige Regeln für Gerichte, die nicht ganz einfach zu verspeisen sind, geordnet von A – Z:

☑ Aal ist einer der wenigen Fische, die mit dem normalen Besteck, also Messer und Gabel, gegessen werden, vor allem dann, wenn es sich um Räucheraal handelt. Gedünsteten Aal in Soße dagegen essen Sie mit dem Fischbesteck. Er wird enthäutet und entgrätet.

☑ Austern haben eine harte Schale. Normalerweise werden sie geöffnet serviert. Wenn nicht, sollten Sie darum bitten! Die geöffnete Auster haftet noch im unteren, tiefen Teil ihrer Schale. Sie muss vor dem Genießen gelöst werden. Das tun Sie mit der Austerngabel. Danach wird die Auster zusammen mit ihrem Meerwasserbad geschlürft und ungekaut hinuntergeschluckt.

☑ Chinesische Gerichte können Sie durchaus mit Stäbchen essen. Dabei liegt das eine Stäbchen fest in der Beuge zwischen Daumen und Zeigefinger und wird auf den Ringfinger gestützt; das zweite Stäbchen bewegen Sie darüber mit Daumen, Mittelfinger und Zeigefinger. Mit diesem „Zangengriff" kann man selbst kleine Stücke gut aufnehmen.

FEIGEN SIND ZU EMPFEHLEN

Feigen sind eine Delikatesse, wenn sie frisch serviert werden – Sie sollten sich diesen Genuss nicht entgehen lassen! Die Früchte werden der Länge nach halbiert und dann ausgelöffelt.

☑ Fingergerichte sind Speisen, die man ganz „offiziell" mit den Fingern essen darf – selbst im besten Lokal. Dazu zählt man Artischocken, alle Arten von Schalentieren (Austern, Hummer, Krabben, Krebs, Langusten, Muscheln und Scampi) sowie Wachteln und Spareribs. Lammkoteletts sind ein Grenzfall.

Kommen Fingergerichte auf den Tisch, wird man Ihnen stets nach dem Essen eine Fingerschale mit Wasser (auch Fingerbowle genannt) reichen. In manchen Restaurants ist es auch üblich, stattdessen kleine, heiße und feuchte Tücher aus Frottee zu reichen.

☑ Fisch wird stilecht und korrekt nur mit einem speziellen Fischbesteck verzehrt. Es besteht aus Fischgabel und Fischmesser (wobei auch hier die Gabel mit der linken, das Messer mit der rechten Hand gehalten wird). Fehlt ein solches Besteck, greifen Sie auf zwei Gabeln zurück. In vornehmen Restaurants wird statt des Fischmessers oft der Gourmetlöffel zum Zerteilen des Fischs eingedeckt. Haben Sie keine Scheu, den Kellner zu bitten, „komplizierte“ Fische zu filetieren.

☑ Fleisch zu zerteilen und zu verzehren ist wirklich kein Problem. Die Gabel wird stets mit der Wölbung nach oben ins Fleisch gesteckt. Das Messer teilt mit leichtem Druck mundgerechte Stücke ab. Kratzen Sie nicht geräuschintensiv auf dem Teller herum und lassen Sie den Zeigefinger auch nicht bis knapp über den Klingenansatz gleiten. Das Messer wird auch nicht am Fleischstück „saubergewischt“, bevor man den Happen zum Munde führt.

☑ Gemüse wird in aller Regel nur mit der Gabel gegessen. Selbstverständlich darf dabei das Messer zu Hilfe genommen werden. Es gilt die Regel: Was weich genug ist, wird mit der Gabel zerteilt. Alles andere dürfen Sie mit dem Messer in kleine, mundgerechte Happen teilen. In feinen Restaurants wird übrigens das Gemüse immer in kleinen Stücken serviert werden.

☑ Hummer ist ein äußerst delikates Krustentier. Er wird üblicherweise erst bei Tisch auf einem Brett der Länge nach vom Kellner halbiert und Ihnen dann serviert. Serviert man Ihnen einen bereits ausgelösten Hummer, essen Sie ihn mit dem Fischbesteck.

GRÄTEN RICHTIG ENTSORGEN

Viele Menschen verzichten auf Fischgerichte, weil sie Angst vor den Gräten haben. Dabei ist es kein Problem, eine Gräte zu entsorgen, die in den Mund gerät: Sie nehmen natürlich nicht die Finger, sondern schieben die Gräte mit der Zunge auf die Gabel. Danach legen Sie sie auf dem Tellerrand ab.

☑ Kanapees sind kleine pikante Leckereien, die man mit der Hand isst. Die mundgerechten Cocktailhappen werden gerne bei einem Stehempfang serviert.

☑ Kirschen werden frisch serviert und mit den Fingern gegessen. Den Kern lässt man hinter vorgehaltener Hand diskret auf den Teller fallen.

☑ Krabben werden hierzulande meistens fertig geschält serviert. Große Krabben, die bis zu zwei Kilogramm schwer werden können, essen Sie wie Hummer und Langusten. Kleinere werden mit den Fingern geradegebogen (Kopf links, Schwanz rechts), bis die harte Schale bricht. Dann wird der Schwanzteil ruckartig vom Körper getrennt. Die einzelnen Glieder der Schale werden nun gelöst, das Fleisch wird mit den Fingern gegessen. Genießer saugen zudem noch die Köpfe der Krabben aus.

☑ Krebse werden von Hand gegessen. Zum Auseinandernehmen der Krebse sollten jedoch Teller, Gabel sowie ein Krebsmesser auf dem Tisch bereitliegen.

☑ Muscheln kommen meist in einer Terrine auf den Tisch, in einer köstlichen Brühe oder Suppe. Man nimmt eine der zweihälftigen Schalen und pult bei dieser ersten Muschel das gelbweißliche Fleisch mit der Gabel heraus. Die beiden miteinander verbundenen nun leeren Schalenhälften dienen jetzt als „Besteck“: Wie mit einer Zange zieht man mit ihnen das Fleisch aus den übrigen Schalen heraus und führt es zum Mund.

☑ Pastete wird niemals mit dem Messer geschnitten, sondern stets nur mit der Gabel, eventuell auch mit dem Löffel gegessen.

☑ Salatblätter durfte man früher allenfalls falten. Da heute aber viele neue und großblättrige Salatsorten auf dem Markt sind, ist das Zerteilen mit dem Messer in mundgerechte Stücke kein Tabu mehr. Vielmehr ist es inzwischen oft eine Notwendigkeit.

☑ Schnecken kommen in aller Regel in Spezialpfannen auf den Tisch – meist bereits ausgelöst. Werden Ihnen die Schnecken noch mit

WARUM KARTOFFELN NICHT GESCHNITTEN WERDEN

Gourmets schneiden Kartoffeln nicht mit dem Messer, sondern zerteilen sie mit der Gabel: Die dabei entstehende unebene Fläche nimmt die Soße nämlich besser auf. Natürlich ist auch das Schneiden mit dem Messer heute erlaubt.

Gehäuse serviert, bekommen Sie dazu ein Spezialbesteck, nämlich die Schneckenzange und eine schmale, zweizinkige Gabel. Man nimmt die Gehäuse mit der Zange aus der Pfanne und legt sie auf den Teller oder direkt in den bereitliegenden Suppenlöffel. Mit der Gabel nimmt man dann das Fleisch aus dem Gehäuse, isst es direkt von der Gabel. Oder man legt die Schnecke auf einen Löffel und übergießt sie vor dem Verzehr mit heißer, würziger Butter.

☑ Spagetti essen Könner so: Sie legen sich drei oder vier Nudeln mit der Gabel auf den Tellerrand und wickeln sie dann geschickt auf. Weniger versierte Pastafans sollten aber den Gebrauch eines Löffels (in der linken Hand) nicht scheuen. Auf gar keinen Fall aber schneidet man Spagetti mit dem Messer!

☑ Sushi werden stilecht mit Stäbchen gegessen. Wenn Ihnen die Übung damit fehlt, dürfen Sie allerdings auch die Finger benutzen. Ziehen Sie aber niemals die Gabel zu Hilfe. Noch ein Tipp: Tauchen Sie nur den Fisch in die Soja-Sauce, nicht aber das Reisbällchen – dieses zerfällt sonst leicht und die Reiskörnchen schwimmen in der Sauce. Übrigens werden Sushi nicht abgebissen, sondern stilecht am Stück genossen.

☑ Suppe kommt meist im tiefen Teller auf den Tisch. Den Suppenteller darf man (im Gegensatz zu früher!) leicht kippen, um den letzten Rest auszulöffeln. Rechtshänder halten den Teller leicht nach rechts hinten, Linkshänder schräg nach links hinten – immer vom Körper weg. Von Suppe, die in Tassen mit Henkeln serviert wird, dürfen Sie den Rest austrinken.

BITTE BEACHTEN!

Zwiebelsuppe oder andere überbackene Suppen essen Sie mit besonderer Vorsicht: Erstens sind sie meist extrem heiß, zweitens ziehen sich Käsefäden scheinbar unendlich. Hier können Sie sich nur behelfen, indem Sie den Käse mit dem Löffel „aufwickeln“. Überbackenes Brot in der Suppe „tauchen“ Sie ein paar Mal, bis es weich ist und sich mit dem Löffel gut teilen lässt. Eine mit einer Teighaube überbackene Suppe verzehren Sie, indem Sie die Teighaube mit der Gabel einstechen und dann vorsichtig entfernen beziehungsweise essen.

Unterwegs und auf Reisen

Jeder von uns ist tagtäglich unterwegs: auf dem Weg zur Arbeit und wieder nach Hause, zu Terminen oder gar auf Reisen. Dabei treffen wir auf andere Menschen – und müssen mit ihnen und ihrem Verhalten umgehen.

Verkehrsmittel und Straßenverkehr

Gerade hier, im Straßenverkehr, in den öffentlichen Verkehrsmitteln, auf Reisen und im Urlaub zeigt sich immer wieder: Mit Höflichkeit und Takt kommt man weiter, und dies nicht nur im übertragenen Sinne.

Wer geht beim Einsteigen beziehungsweise Aussteigen voran?

Beim Einsteigen geht die Dame voran. Beim Aussteigen dagegen ist der Herr der Erste und danach der Dame behilflich.

Darf ich mich einfach auf einen freien Platz setzen?

Wenn Sie neben jemandem einen freien Platz sehen, fragen Sie erst freundlich nach, ob er noch frei ist. Wenn Sie höflich und freundlich sind, kommen Sie auch zu einem schwer erreichbaren freien Sitzplatz.

Soll ich auf einer Platzreservierung bestehen?

Wenn Sie bei der Bahn einen Platz reserviert haben, dieser jedoch besetzt ist: Beharren Sie vor allem dann nicht stur auf Ihrem „Recht“, wenn nebenan noch andere Sitzplätze frei sind. Ausnahme: Es sind alle anderen Plätze besetzt. Oder Sie haben Ihren Sitzplatz aus bestimmten Gründen (Raucher beziehungsweise Nichtraucher, mit Tisch oder in Fahrtrichtung, Abteil oder Großraumwagen, Fenster oder Gang) bestellt. In beiden Fällen bitten Sie höflich und in ruhigem Ton darum, dass Ihr reservierter Platz geräumt wird.

WIE VERHALTE ICH MICH IM FLUGZEUG?

In der Touristenklasse sitzt man auf noch engerem Raum zusammen als in Bus oder Bahn. Hier kommt man dem Sitznachbarn, aber auch den Passagieren hinter und vor dem eigenen Platz besonders nahe. Rücksichtnahme und eigene Zurückhaltung sind also von ganz besonders großer Bedeutung.

☑ Selbst wenn Sie einen Fenster- oder den Gangplatz haben und nicht auf dem ungeliebten Mittelplatz sitzen: Machen Sie sich schlank! Behalten Sie Ihre Ellbogen möglichst bei sich und rangeln Sie nicht mit Ihrem Nebenmann um die gemeinsame Armlehne.

☑ Selbstverständlich können Sie die Flugzeit für ein Nickerchen benutzen und dafür auch Ihre Rückenlehne entsprechend einstellen. Aber nehmen Sie bitte Rücksicht auf die Passagiere in der Reihe hinter Ihnen: Sie verstellen Ihre Rückenlehne beim Essen nicht nach hinten, Sie achten auch darauf, ob Ihr „Hintermann“ nicht noch sein volles Glas auf dem Tischchen stehen hat, wenn Sie sich zurücklehnen.

☑ Sicher möchte auch der vor Ihnen Sitzende einen ruhigen Flug genießen. Deshalb klappen Sie das Tischchen vor sich nur dann herunter, wenn Sie es wirklich brauchen.

☑ Haben Sie einen Platz am Fenster, sollten Sie den Gang in den Waschraum ein wenig vorausplanen. Stehen Sie nicht gerade dann auf, wenn das Essen serviert wird. Ihr Nebenmann muss nämlich mit aufstehen, und das ist mit heruntergelassenem Klapptisch und dem darauf stehenden Essenstablett fast ein Kunststück.

☑ Es gibt kaum noch Fluglinien, bei denen das Rauchen gestattet ist. Bitte beachten Sie: Es wäre nicht nur grob unhöflich, sich bei einem solchen Nichtraucherflug eine Zigarette anzuzünden, sondern es ist auch gesetzlich verboten.

BITTE BEACHTEN!

Wenn Sie Raucher sind und auch auf dem Flug rauchen dürfen, verzichten Sie im Interesse Ihrer Mitreisenden auf Zigarren und Pfeife: Beide verströmen einen sehr intensiven Geruch, der sehr leicht bis in die Nichtraucherzone vordringen kann.

Muss ich mit meinem Sitznachbarn Gespräche führen?

Reagieren Sie nicht gleich abweisend, wenn jemand mit Ihnen ins Gespräch kommen möchte. Wenn Sie keine Lust auf eine Unterhaltung haben, nehmen Sie sich Lektüre mit und weisen Sie freundlich darauf hin, dass Sie jetzt lieber lesen wollen (oder müssen). Umgekehrt drängen Sie Ihrem eventuellen Sitznachbarn kein Gespräch auf. Sie können natürlich versuchen, eine unverbindliche Konversation zu beginnen. An der Reaktion des Mitreisenden sollten Sie aber sofort erkennen, ob dies seinerseits auch gewünscht ist.

Muss ich den Flugbegleitern ein „Trinkgeld" geben?

Flugbegleiter sind an Bord Ihre Gastgeber, nicht Ober oder Kellnerin. Es ist daher nicht üblich, dass sie ein Trinkgeld bekommen. Stewardess und Steward sind meist besonders dazu angehalten, höflich und zuvorkommend zu sein – dies sollten Sie zurückgeben. Das heißt: Sie sind ebenfalls freundlich und vergessen nicht, Bitte und Danke zu sagen. Nutzen Sie auch den angebotenen Service nicht aus und halten Sie sich beim kostenlosen Ausschank von Alkohol zurück.

Der Aufenthalt im Hotel

Im Hotel benehmen Sie sich bitte so, wie Sie es selbst ebenfalls von einem Gast in Ihrem Haus erwarten: höflich und zurückhaltend eben, und mit Rücksicht auf den Gastgeber! Selbst wenn Sie im Hotel für die Gastfreundschaft bezahlen, haben Sie sich damit nicht die Berechtigung erkauft, sich daneben zu benehmen. Nicht nur der Hotelier hat die Pflicht, Ihnen den Aufenthalt so angenehm wie möglich zu machen. Sie selbst müssen ebenfalls dafür sorgen, dass Sie sich wohl fühlen.

Was muss ich beim Buchen des Hotelzimmers beachten?

Teilen Sie vorab mit, wann Sie ankommen werden – zumindest den ungefähren Zeitrahmen. In vielen Hotels ist es durchaus üblich, das Zimmer abzugeben, wenn Sie nicht bis 18 Uhr eingetroffen sind und man bis dahin nichts von Ihnen gehört hat.

WAS TUN, WENN DER EINCHECK DAUERT?

- ☑ Weisen Sie höflich darauf hin, dass Sie nach einer langen Anreise müde und erschöpft sind – man sollte Verständnis haben und Ihnen das Einchecken dann so schnell wie möglich gestalten.
- ☑ Wenn Sie allerdings mit einer ganzen Gruppe ankommen, können Sie keine Sonderbehandlung erwarten. In diesem Fall gilt: „Stürmen" Sie nicht gleich die Rezeption und drängeln Sie sich nicht vor.
- ☑ In den meisten Fällen werden Sie als Gruppe sowieso bevorzugt eingecheckt, oder es kann sein, dass sich ein Reiseleiter um die Hotelzimmer und ihre Verteilung kümmert.

Wie kleide ich mich angemessen im Hotel?

Richten Sie sich schon beim Packen daheim nach dem Stil des Hotels: Wer einen Stadturlaub in einem entsprechend noblen Haus bucht, wird sicher mehr „offizielle" Kleidung brauchen als er für ein Strandhotel benötigt.

Achten Sie auf eine eventuell vorhandene Kleiderordnung. In vielen Hotels ist es üblich, sich zum Abendessen umzuziehen. Und auch in manchen Urlaubshotels sieht man die männlichen Gäste beim Essen gerne in Anzug und Krawatte.

Sehr legere Freizeitkleidung – also Shorts und ärmelloses T-Shirt für den Herrn, Pareo und Bikini-Oberteil für die Dame – ist im Hotelrestaurant in jedem Falle fehl am Platz.

Muss ich das so genannte „deposit" bezahlen?

Das „deposit" ist eine Vorauszahlung, die in vielen Hotels bei der Buchung fällig wird. Sie dient dem Hotel als Garantiesumme und wird mit den tatsächlich anfallenden Aufenthaltskosten später dann verrechnet. Treten Sie Ihren Aufenthalt allerdings nicht an, verfällt die Summe.

Wie gehe ich mit dem Hotelpersonal um?

Behandeln Sie das Hotelpersonal höflich und nicht wie Leibeigene. Wenden Sie keinen Befehlston an, sondern vergessen Sie nicht, dass überall auf der Welt „Bitte“ und „Danke“ die Zauberworte sind, mit denen Sie mehr erreichen als mit unwirschen Anordnungen. Achten Sie auch auf interne Hierarchien: Der Portier ist nicht Ihr Kofferträger, der Kellner an der Strandbar nicht Ihr Zimmerkellner und das Zimmermädchen auf gar keinen Fall Freiwild für die männlichen Gäste!

Wie begegne ich den anderen Hotelgästen?

Höflich und freundlich – wie stets! Man grüßt sich, man beharrt nicht auf „seinem“ Sitzplatz im Restaurant oder Frühstücksraum und man reserviert sich auch nicht schon morgens um 6 Uhr den Liegestuhl am Hotelpool.

WIE VIEL TRINKGELD IST IM HOTEL ÜBLICH?

Ein leidiges Problem – und nicht einfach zu beantworten. Im allgemeinen haben sich diese Trinkgeldsätze eingebürgert:

☑ für Servicekräfte im Restaurant und an der Hotelbar geben Sie 5–10 Prozent vom Rechnungsbetrag.

☑ für Portier oder Concierge: etwa 5 Euro, wenn er besondere Leistungen für Sie erbracht hat, zum Beispiel die Besorgung von Theaterkarten oder die Organisation einer Stadtrundfahrt.

☑ für den Pagen: 1 Euro, wenn er Ihnen ein Taxi ruft und beim Ein- beziehungsweise Aussteigen hilft.

☑ Dankeschön für das Zimmermädchen: 1–2 Euro pro Tag des Aufenthalts.

☑ für den Wagenmeister: jeweils 2–3 Euro bei An- und Abreise.

☑ für den Gepäckträger: pro Stück geben Sie mindestens 1 Euro Trinkgeld.

☑ für Zimmermädchen oder Hausdame: 2–4 Euro, wenn Sie zusätzlich Kissen, Decken oder Handtücher brauchten.

☑ für die Rezeption: etwa 5 Prozent der Rechnungssumme, wenn Sie der gesamten Mannschaft mit dem Trinkgeld etwas zukommen lassen wollen.

WIE GEBE ICH ANGEMESSEN TRINKGELD AUF REISEN?

☑ Auf Busreisen ist es üblich, nicht nur dem Reiseleiter, sondern auch dem Busfahrer ein Trinkgeld zu geben. Meist gibt es einen Mitreisenden, der es in die Hand nimmt, in der Gruppe Geld zu sammeln. Sie sollten sich dann – vor allem, wenn Sie zufrieden waren – nicht ausschließen. Die Höhe des Betrages besprechen Sie am besten.

☑ Bei Reisen mit der Bahn ist es normalerweise nicht üblich, für die normalen Leistungen des Zugpersonals Trinkgeld zu geben. Anders ist es, wenn ein Zugbegleiter Ihnen besonders behilflich ist oder Ihnen am Platz Essen und Trinken serviert. Beim Servieren können Sie dann nach oben aufrunden. Für die Hilfe beim Ein- und Aussteigen mit großem Gepäck dagegen ist kein Trinkgeld üblich. Schlafwagenschaffner, die nicht nur Ihr Bahnticket abstempeln, sondern sich besonders um Ihr Wohlbefinden bemühen, verdienen ebenfalls eine finanzielle Anerkennung.

☑ Auf Schiffreisen dagegen ist es anders: Stewards und Stewardess sind hier für ein Trinkgeld durchaus dankbar. Mindestens 10 bis 15 Prozent des Reisepreises sollten Sie einrechnen.

Wie vermeide ich lange Wartezeiten bei der Abreise?

Sie können selbst etwas dafür tun, um dem zu entgehen: Wenn Sie auschecken und die Rechnung bezahlen wollen, gehen Sie nicht zu einer Zeit an die Rezeption, an der dort erfahrungsgemäß viel los ist. In den meisten Hotels ist es durchaus auch möglich, die Rechnung bereits am Abend vor der Abreise zu begleichen. Und denken Sie dann auch gleich an das Trinkgeld für das Serviceteam an der Rezeption, das etwa fünf Prozent der Rechnungssumme umfassen sollte.

Was tun, wenn ich Grund zur Beschwerde habe?

Denken Sie an die alte Regel: Der Ton macht die Musik! Tragen Sie Ihre Beschwerde höflich, aber bestimmt vor. Bleiben Sie sachlich und äußern Sie Ihren Ärger nicht lautstark. Je freundlicher Sie Ihre Reklamation vorbringen, desto eher wird man willens sein, Ihnen zu helfen.

Im Urlaub

Leider ist es eine Tatsache: Wir Deutsche gelten im Ausland zwar als durchaus erwünschte Devisenbringer. Aber man liebt uns nicht immer. Denn: Wir fallen nicht unbedingt durch gutes Benehmen auf, sondern eher durch Besserwisserei, durch eine überzogene Anspruchshaltung und durch wenig Toleranz unserem jeweiligen Gastland gegenüber.

DAS VERHALTEN ALS GAST IM AUSLAND

Bitte verfahren Sie also nicht nach dem Motto „Der Gast ist König und ihr anderen habt euch alle nach mir zu richten." Sondern: „Ich bin Gast hier und ich möchte Ihnen möglichst wenig Umstände machen!"

WIE BEREITE ICH MICH AUF DEN URLAUB IM FREMDEN LAND VOR?

Es sollte Ihnen selbstverständlich sein, dass Sie sich vorher über Sitten und Gebräuche informieren. Reiseführer helfen Ihnen dabei genauso wie Ihr Reisebüro, Automobilclubs wie der ADAC und natürlich auch der Reiseleiter vor Ort.

FREMDE LÄNDER – FREMDE SITTEN

☑ Das Wichtigste bei einem Aufenthalt in anderen Ländern ist wohl, sich den Sitten und Gepflogenheiten des Landes anzupassen.

☑ Das fängt mit der Kleidung an. Gegen legere Kleidung im Urlaub ist nichts einzuwenden, wenn Sie damit nicht aussehen, als ob Sie Ihre Gastgeber missachten würden. Kleiden Sie sich so, dass Sie sich auch daheim auf die Straße trauen würden – und zwar nicht zum schnellen morgendlichen Einkauf beim Bäcker um die Ecke, sondern in die Fußgängerzone, wo Sie viele Menschen treffen ...

☑ Wenn Sie sich nicht sicher sind, erkundigen Sie sich vor Antritt der Reise im Reisebüro oder einem Konsulat des entsprechenden Landes, welche Art Kleidung an Ihrem Urlaubsziel angemessen ist. Auf diese Weise vermeiden Sie es, dass jemanden durch Ihr Äußeres brüskiert wird.

WIE PASSE ICH MICH DEN SITTEN IM GASTLAND AN?

Das äußere Erscheinungsbild ist – wie daheim – der erste Eindruck, den Sie hinterlassen. Hierbei können Sie sich am besten anpassen und dafür sorgen, dass Sie nicht (unangenehm) auffallen!

TRINKGELD IM AUSLAND

Vorsicht: Was bei uns angebracht ist, wird im Ausland oft ganz anders gehandhabt. In manchen Ländern wie Holland ist Trinkgeld völlig unüblich. Auch französische Taxifahrer erwarten keine Extragabe; ein Kofferträger in Frankreich dagegen wird das Hotelzimmer wohl nur sehr zögernd verlassen, wenn er nicht einige Francs zugesteckt bekommt. Wer sich unsicher ist, sollte sich beim Reiseleiter informieren. Noch ein Hinweis: Rechnen Sie die entsprechenden Beträge nicht auf deutsche Verhältnisse um. Selbst wenn Ihnen eine Summe gering erscheint, kann sie den Verhältnissen im Gastland durchaus angemessen sein.

DIE VERSTÄNDIGUNG IM AUSLAND

Im seltensten Fall wird man die Sprache des Urlaubslandes perfekt beherrschen. Meist kennt man – wenn überhaupt – nur ein paar Brocken.

☑ Wenn Sie sich perfekt vorbereiten wollen, versuchen Sie, sich ein paar Kenntnisse der Landessprache anzueignen. „Bitte“ und „Danke“, „Guten Tag“ und „Auf Wiedersehen“, dazu noch ein paar Floskeln – Sie werden sehen, Sie kommen damit normalerweise gut an, zeigt es doch, dass Sie sich wenigstens ein wenig bemühen, auf Land und Leute einzugehen.

☑ Haben Sie zudem einen Sprachführer oder wenigstens ein Wörterbuch dabei, können Sie sich bei kleineren Problemen wie Einkauf oder Wegauskunft selbst behelfen.

☑ Bei größeren Problemen wenden Sie sich am besten an den Reiseleiter oder den Hotelportier: Er wird selbst übersetzen oder aber Ihnen einen Dolmetscher zur Verfügung stellen können.

Register